安達の史蹟めぐり

目次

二本松市（旧安達郡岩代町）

本宮市

二本松市

田地ヶ岡館跡
田地ヶ岡遺跡
安達駅
岳温泉
二合田用水
戒石銘碑
大隣寺の
二本松少年隊の墓
双松館製糸場跡
二本松城跡
(霞ヶ城)
二本松神社
30
459
東北本線
矢ノ戸遺跡
二本松駅
原瀬上原遺跡
4
459
73
東北自動車道
東北新幹線
三雄山
苗松山
郡山台遺跡
杉田駅
鈴石神社の
太々神楽
塚の越古墳群
石井の田植踊り

阿武隈川の自然堤防上の集落 ― 塚の越古墳群、矢ノ戸遺跡

紀元前三世紀末の安達地方は、稲作を伴う新しい弥生文化を積極的に吸収し、自然堤防などの低湿地を選び、小規模ながら徐々に稲作を開始していったと思われる。

自然堤防は洪水などで河道から溢《あふ》れた水が、その後自然に引いてできた微高地で、本宮から二本松にかけての阿武隈川の自然堤防はこうした弥生文化定着の受け皿になったと思われる。また水辺であることから自生植物の採取、水辺に集まる禽獣《きんじゅう》の狩猟や漁撈も可能で、大集落の形成に大きな利点となったと思われる。このため本宮市から二本松市にかけての阿武隈川の自然堤防や河岸段丘には、弥生時代から古墳時代にかけて遺跡が多いのである。

二本松市の旧市域では、杉田字前田の塚の越古墳群、杉田字長者宮の郡山台遺跡、八万舘遺跡、安達ヶ原四丁目の黒塚古墳、安達ヶ原七丁目の矢ノ戸遺跡などがある。

塚の越古墳群は、ＪＲ東北線杉田駅の東方二・二キロメートルの、阿武隈川により形成された自然堤防の上にある。古墳は三基あり、昭和三十年代に破壊されていたが、昭和五十一年に発掘調査が行われた。横穴式石室で、石室の長さは五・八メートル、幅は奥壁部で一・〇六メートルの三味線胴張型で最大幅は一・三八メートルあった。玄門は四〇センチメートルから五〇

センチメートルの自然石を集積して閉塞していた。側壁は人頭大から五〇センチメートル大の花崗岩石によって構築され、床面は河原石を密に敷いていた。出土遺物は石室内からは人骨片、鉄鏃《てつぞく》一点、石室外からは土師器・須恵器があった。調査以前に直刀・小型長頸瓶・勾玉が見つかっていた。

八万舘遺跡は二本松駅の南方一・五キロメートルの阿武隈川左岸の河岸段丘にある。遺跡は開墾により破壊されていた。住居跡は発見されなかったが、数多くの土坑と縄文時代の土器が確認されている。

矢ノ戸遺跡発掘時写真（『二本松市史』）

矢ノ戸遺跡は、阿武隈川が油井川に合流する地点から流れを東に変える南岸沿いの自然堤防上にある。

東北新幹線建設工事に伴い発掘調査が行われ、竪穴住居跡二一軒、掘立建物跡六棟、溝跡五条、ピット（穴）三〇〇個が検出された。出土遺物は杯《つき》・甕《かめ》・鉢・高杯などの土器類が大半を占め、ほかに須恵器、糸をつむぐ紡錘車《ぼうすいしゃ》・鎌・釘などの鉄製器があった。遺跡は古墳時代末から平安時代中頃の一〇世紀頃とされている。遺跡全体は六万平方メートルにも及ぶ大集落跡であろうと推測されている。

黒塚古墳は直径一〇メートルの円墳で中央に杉の木が立っている。出土遺物はなく時期は断定できない。黒塚には鬼婆伝説があり、黒塚古墳はその首塚で、観音寺に保管されている蕨手刀《わらびてとう》は鬼婆の使った包丁といわれる。

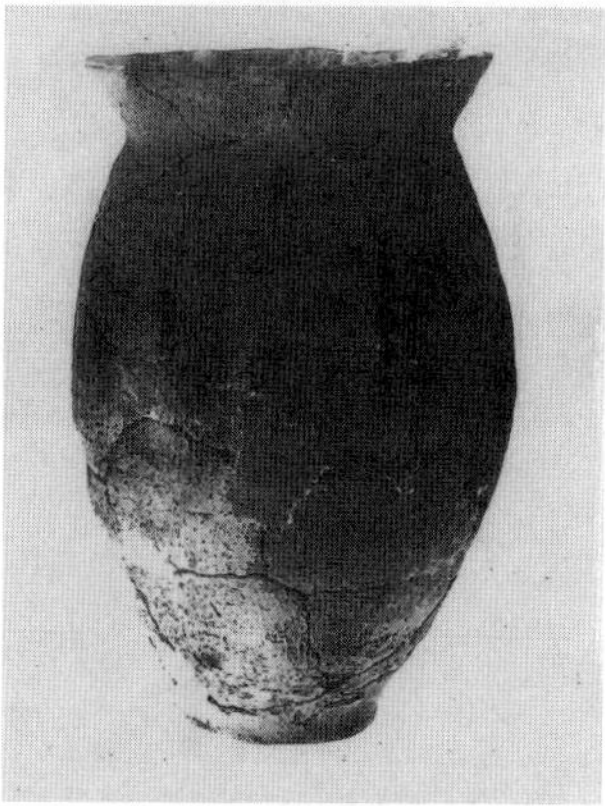
矢ノ戸遺跡出土の甕（『二本松市史』）

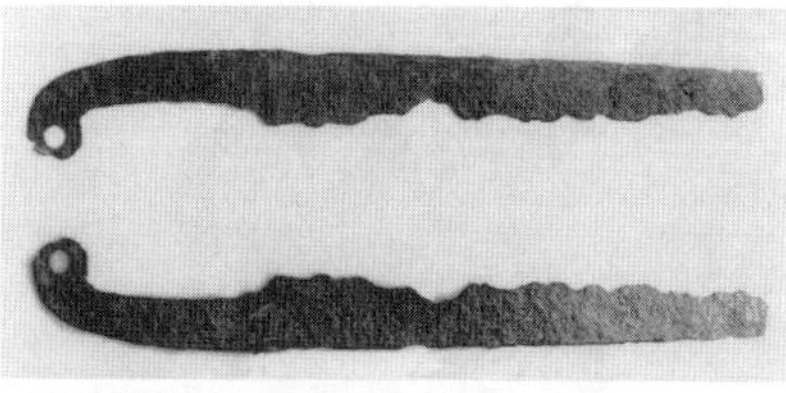
黒塚古墳出土の蕨手刀（観音寺蔵）

安達太良山麓の縄文中期の大集落 ― 原瀬上原遺跡、田地ヶ岡遺跡

二本松市の旧市域は一三〇・五五平方キロメートルの面積を有し、西端には標高一七〇〇メートルの安達太良山と鉄山が聳え、阿武隈川に向ってゆるく傾斜している。二本松市の縄文時代

中期（約五〇〇〇～四〇〇〇年前）の遺跡は、安達太良山の山裾の原瀬川流域の標高二三〇メートルから三〇〇メートルの位置にあり、原瀬上原・田地ヶ岡・塩沢上原A・塩沢上原B・大沢遺跡がある。

原瀬上原遺跡復元住宅

板目沢・小塚前・寺久保遺跡など縄文後期・晩期の遺跡もあるが、まだ断片的資料しか出土せず、その様子は判らない。

原瀬上原遺跡は昭和四十三年に調査が行われ、複式炉を伴う竪穴住居跡一七軒、石囲炉を伴う竪穴住居跡一軒が発見され、福島県内で初めての縄文時代の集落跡となった。

縄文中期後半になるとすべての住居に炉が普及したといわれる。初めは石で囲んだだけの炉であったが、その後東北地方に多い複式炉と呼ぶ炉が発達していった。複式炉は、土器を埋めて石で囲った土器埋設部分と平らな石を皿状に敷いた石組部、石を八の字状に並べた前庭部分からなる。その使用方法は、前庭部から薪を入れ、石組部で火を焚き、

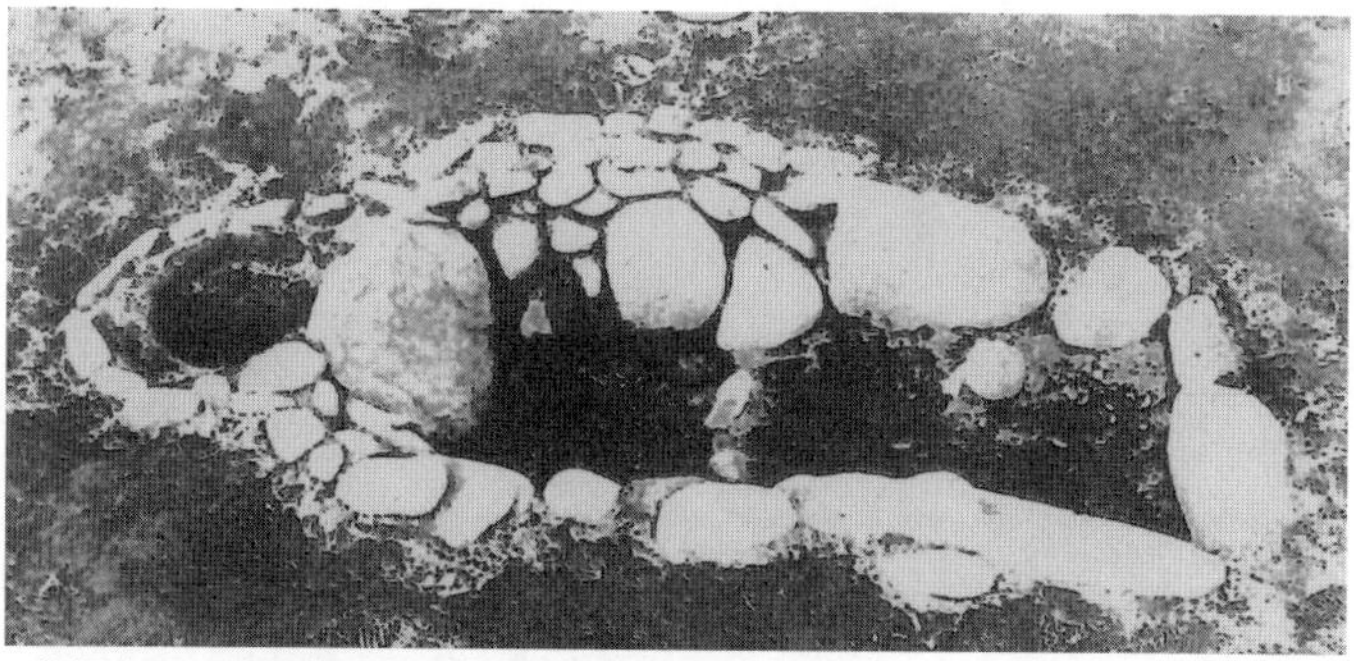
塩沢上原Ａ遺跡複式炉（『二本松市史』）

暖を取ったり、煮炊きするもので、土器は熾《おき》を入れて火種《ひだね》の保存や消炭を作るために使われたと考えられている。竪穴住居は主柱が三本という独特な住居が過半数を占めていた。

塩沢上原Ａ遺跡、同Ｂ遺跡、田地ヶ岡遺跡は昭和四十六年東北自動車道建設の際調査が行われた。

田地ヶ岡遺跡は湯川が形成した火砕流堆積物からなる比高二〇メートル弱の独立丘陵上にある。ここから複式炉を伴う竪穴住居跡二三軒が発見された。住居の主柱は三本柱が一六軒、四本柱が七軒あった。住居は北から西方にかけ弧状に並んでおり、中央部辺りから土坑と埋設土器が見つかった。土器以外の遺物としては、土偶三、土鈴一、円盤状土製品八、打製石斧二、石《せき》鏃《ぞく》一〇、石匙四、凹石八、石皿二などがあった。

塩沢上原Ａ遺跡から、縄文中期前葉の遺構・遺物として、フラスコ状土坑一〇基と土器、三脚土製品、中期後葉の遺構・遺物として、複式炉を伴う竪穴住居跡三七軒、円筒状土坑六基と土器・石器が出土した。平成七年の調査では、フラスコ状土坑七基のほか器高五三・四センチメートルの深鉢の中から長さ二・五センチメートル、重さ三グラムのヒスイ製垂玉《すいぎょく》が見つかった。深鉢は底部が穿孔《せんこう》されていることから子供用の棺《ひつぎ》とみられ「土器棺墓」と呼ばれる。ヒスイは県内で産出されないことから埋葬された子供は特別な人物とみられる。

田地ヶ岡遺跡・田地ヶ岡館跡

塩沢上原B遺跡は、塩沢上原A遺跡の北一〇〇メートルにある小さな独立丘陵上にある遺跡で、まだ全体調査は行われないが、複式炉を伴う竪穴住居跡が九軒発見された。

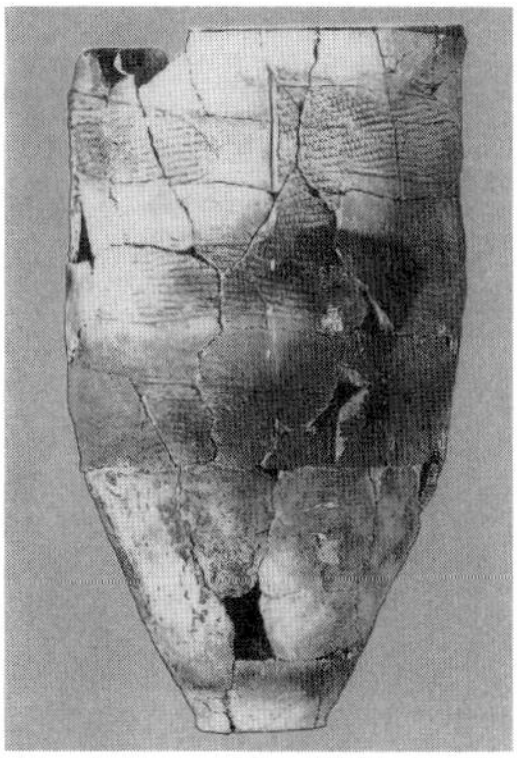

塩沢上原A遺跡の土坑出土土器（『二本松市史』）

岩崎遺跡では、乳幼児用の土器棺墓五八個がまとまって見つかった。この土器棺墓に副葬品の伴うものはない。成人用の墓は見つからず、どの集落に所属したかも不明である。

郡山台長者伝説と郡山台郡衙《ぐんが》遺跡

『延喜式』の頭注に「延喜六年正月二十日安積郡を分けて安達郡を置く」と記述されており、延喜六年（九〇六）には安達郡が新設されていたことは明白で、その所属する郷は安達・入野《いの》・佐戸《さみ》の三郷とされている。郡には郡の役所として郡衙（家）と郡寺が置かれるが、安達郡衙の所在には長者伝説が結びついてあった。

二本松藩の風土記である『相生集』に「今その地を長者宮という。長者初め郡山に住し、後ここに住せしとて、この地名を郡山台という。礎のあと今もあり。畑を穿《うが》つに焼米を得ることままあり。……按ずるに本邦奥州二本松の長者倉の名有り」と書かれ、その当時長者宮の裏の崖面から、焼米が厚い層をなして広範囲に出土しており、「イロハ四十八棟の米倉がある長者屋敷があった」と広く知られ、書物（井上金峨著『考槃堂漫録《こうはんどうまんろく》』、鹿児島藩『成形図説《せいけいずせつ》』）にも書かれていた。江戸末期には二本松藩主丹羽長

郡山台郡衙遺跡全景

富も現地を視察に訪れている。

　昭和の初め頃、二本松市杉田の郷土史家桑原兵次氏は、郡山台から土器・瓦を採集し、『古代中世杉田村の文化』の中で、「郡山台に郡司が建立した寺院と郡司の住居跡があった」と発表し、郡山台が安達郡衙跡であることを立証した。

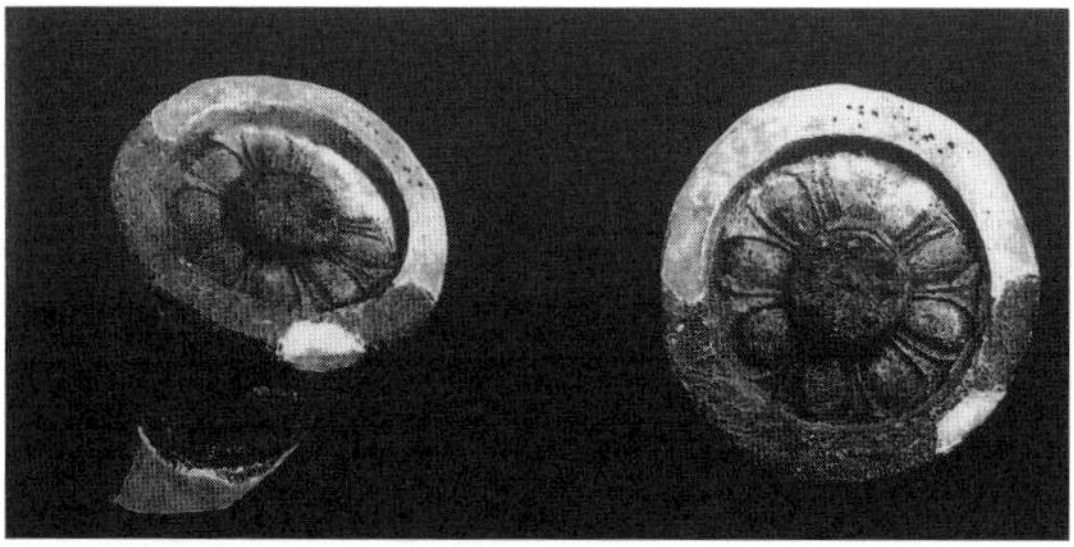
素弁蓮華文軒丸瓦（『二本松市史』）

　このようなことから、二本松市教育委員会は昭和五十一年から七年間にわたり調査を実施し、遺跡の全体を明らかにした。
　郡山台遺跡は、旧国道四号線の東、杉田川右岸に並行する東西八〇〇メートル、南北三〇〇メートルの範囲に位置し、遺跡内にある沢で、東・西二つのブロックに分けることができる。

郡山台遺跡土器（高さ30センチメートル　『二本松市史』）

　東地区は郡衙を中心とする建物群で、ここから掘立建物三一棟・礎石建物跡七棟のほか、掘立住居跡一八軒・溝・堀跡が発見された。礎石建物群は、溝により区画され、中央の建物が郡衙とみられている。その南側には広い空閑地がある。東端部に建物跡六棟があったが、正倉（穀倉）とみられ焼籾が一〇トンほど出土した。

　西地区からは竪穴住居跡九軒・掘立建物跡二棟、礎石建物跡一棟、出土遺物は土師器杯二点・同甕二点・勾玉一点・鉄釘四点・鉄製品二点・紡錘車一点・瓦片四五四八点が検出された。竪穴

郡山台遺跡中央部（『二本松市史』）

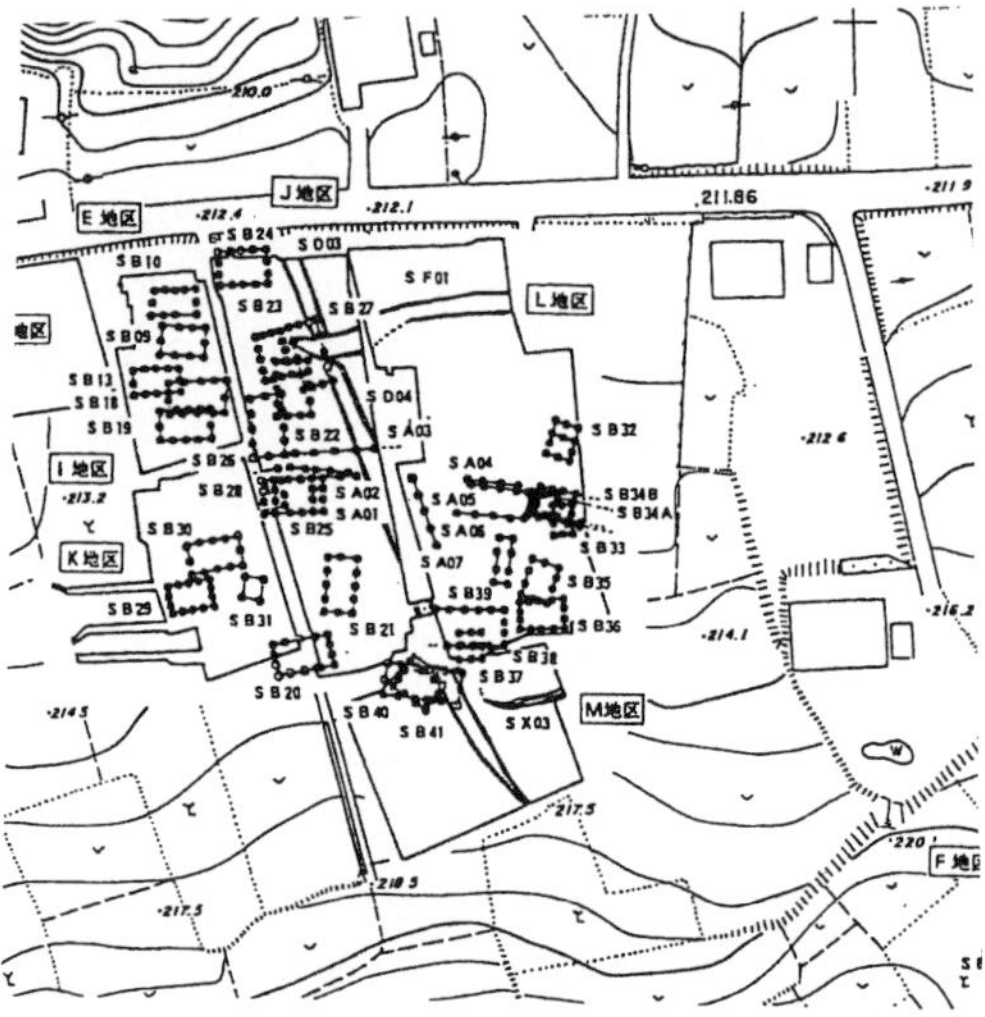

郡山台遺跡遺構配置図（『二本松市史』）

住居は併存したものでなく、掘立建物の用地造成のため故意に取り壊されたものとみられている。

掘立建物跡は、桁行四間・梁間二間の建物であり南方に軒を並べて二棟建っており、寺院と思われる。

礎石建物跡は、一辺七メートルの基壇上に建つが、基壇の中央には径二・〇メートルの穴があり、この穴に中心柱の枘《ほぞ》を差し込む塔の芯礎があった。この建物は三重塔と推定されている。基壇の溝中から瓦片が出土した。瓦は単弁蓮華文軒丸瓦で、花弁を包むように回線がめぐり、間弁はなく、中房に八個の蓮子があった。八世紀のものと思われる。

寺院は出土遺物から八世紀前半に創建され、安達郡衙が創設された延喜六年以降に官寺になったものと推定されている。

二本松城跡

二本松城は、二本松市の市街地北側に位置する山城で、応永二十一年（一四一四）畠山満泰《みつやす》によって築かれた。

興国七年（一三四六＝貞和二年）足利尊氏は、畠山国氏と吉良貞家をともに奥州管領《かんれい》として多

乙森丸から見た天守台跡

賀城に下向させ、東安達を貞家に、西安達を国氏に与えた。国氏の子国詮《くにあき》は一度追われたが二本松に戻って二本松畠山氏の始祖となり、安達太郎の居館した田地ヶ岡館を本拠とした。子の奥州探題《たんだい》満泰は、より攻防に優れた、二キロメートル東方の霧山の白旗ヶ峯（標高三四二メートル 比高一一〇メートル）に二本松城を築いて移った。以来天正十四年（一五八六）に伊達政宗に敗れるまで畠山九代が一八二年間居城した。

二本松城には政宗の家臣伊達成実《しげざね》が入るが、天正十八年奥羽仕置の結果、会津領蒲生氏郷の支域となり、以後上杉景勝領、蒲生秀行領の支域となり、寛永四年（一六二七）から松下重綱（五万石）、加藤明利（三万石）の本城となった。

寛永二十年（一六四三）加藤氏が除封されると白河から丹羽光重が入府し、二本松藩が成立する。

光重は、正保三年（一六四七）から城の改築を始め、六年の年月をかけて慶安四年（一六五一）

に完了した。その後丹羽氏はこの地に定着し、明治維新まで一一代続いて安達地方を統治した。

二本松城は、細長い谷間の平地を取り巻く山々の稜線を削平して郭や城門を置き、谷間の入口には大きな土塁や堀を築き、周囲の山々全体を防塁とした典型的な馬蹄形城郭である。

二本松城郭全図（丹羽長聰氏蔵）

本丸は山の頂上にあり、いびつな長方形で、北に天守台、東西に櫓《やぐら》、南辺左右に虎口が設けられている。

二の丸は本丸の一段低い南西にあり、上下二段に分かれている。三の丸は本丸直下の大石垣の下にある。乙森《おともり》は本丸と連なるひょうたん状の地形で、現在は本丸下駐車場となっている。

権現丸は二の丸の西にあり、長大な郭をなしている。南端に「時のたいこ所」と記入されている。時鐘は通常大手門に設けられているので、この通路は古くは大手門に使われていたのかも知れない。

下方の井戸の右手に櫓門が描かれているが、加藤氏が修復したとする箕輪門（大手門）と思われる。入って右折すると棟門風の門がある。くぐり抜けさらに進むと左に大石垣下の三の丸、右に上れば、乙森、本丸に通じる。

丹羽氏時代に書かれた「二本松城郭全図」（丹羽長聰氏蔵）には箕輪門とその周辺にいくつかの御殿が描かれ、侍屋敷がなくなっているが、丹羽氏が郭内整備した際、侍屋敷を城外に移し、藩主の居館や藩政執務のための御殿を箕輪門内に新築したものと思われる。

二本松城は、慶応四年（一八六八）戊辰戦争により焼失するが、中世戦国時代に急竣な峰の頂上に築いた要塞堅固な山城として出発し、近世に入って麓の大手門や三の丸を大幅に改修し、生活に便利な近世城館に変貌した貴重な城跡である。

戒石銘碑

霞ヶ城箕輪門に通ずる通行路の傍の巨大な花崗岩に、縦一・〇三メートル、横一・八二メートルの大きさで、

戒石銘の刻まれた大岩

爾俸爾禄
民膏民脂
下民易虐
上天難欺

（訳）
汝《なんじ》の俸《ほう》汝の禄《ろく》は
民の膏《こう》民の脂《し》なり
下民《かみん》は虐《しいた》げ易きも
上天《じょうてん》は欺《あざむ》き難し

の一六字四行に陰刻した戒石銘碑がある。末尾に寛延己巳之年（二年）春三月とある。

二本松藩の儒者《じゅしゃ》岩井田昨非《いわいださくひ》が、寛延二年（一七四三）藩政改革と綱紀粛正を明示し、藩士を戒める目的で藩士たちの通る通用路に、この銘を刻印して掲示したものである。

戒石銘は、後蜀王孟昶《もうちょう》（在位九三四～九六五）の作った二四句九六字の「戒諭《かいゆ》の辞」を、宋の大祖太宗（在位九七六～九九七）がこの戒諭の辞から四句一六字を抜字して戒石銘を作ったといわれる。

南宋の高宗（在位一一二七～一一六二年）は、黄庭堅《こうていけん》（一〇四五～一一〇五年、北宋の三筆といわれた名筆家）

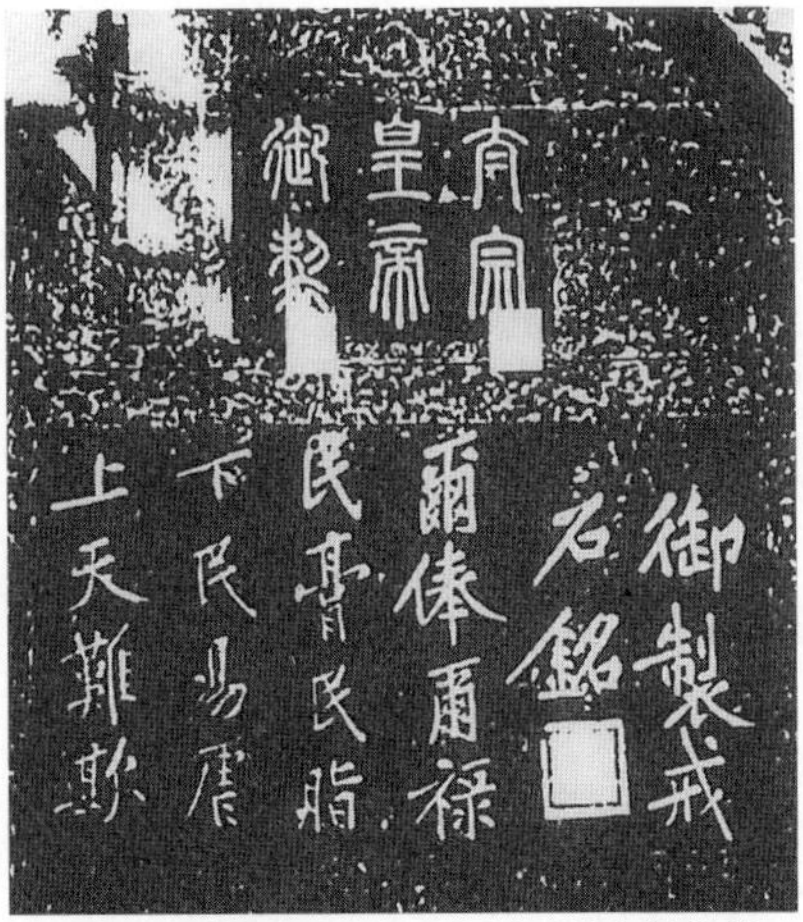

太宗皇帝御製戒石銘（二本松市歴史資料館蔵）

が書いた太宗御製の戒石銘を紹興二年（一一三二）州県に分ち与え州県門に掲示させた。この故事を受け、昨非は五代藩主丹羽高寛の命を受け戒石銘を掲示したものである。

この頃の二本松藩丹羽家は、藩祖初代長重以来、徳川譜代大名として江戸城普請や日光廟造営などの公役割り当てを受けたり、連続して続く不作・凶作や大雨による二本松城の破損、二本松城下の大火などにより藩財政は窮乏の一途をたどっていた。

藩主丹羽高寛は家老丹羽忠亮と図り、行き詰まった藩財政の改革と藩の興隆を図るため、幕府儒官桂山彩巌《かつらやまさいがん》の推せんを受け、その門人の岩松昨非を登用したのである。

昨非は下野国芳賀郡に生まれ、名は希夷《きい》、号を昨非と称した。若い頃から神童の誉れ高く、江戸に出て幕府書物奉行であった桂山彩巌に師事し、朱子学を修めた。昨非の号は、陶潜の「帰去来の辞」の中の「覚二今是而昨非一」（昨日まで誤りだったことも今は正しいことと思う）から取ったものといわれる。

昨非は一五〇石で召し抱えられ、岩松の姓を岩井田と改め、郡奉行から郡代、江戸用人、旗奉行、番頭《ばんがしら》と出世し、藩主の信頼のもと、軍制・学制・税制など藩政全般にわたり改革を行った。特に学制を重視し、二本松藩史に「士の能く文事を解する者僅かに三分の一に過ぎず、姓名を書する能わざる者すら少なからざりき」という現状の中で、藩士を強制的に就学させた。昨非の播いた学問の種は消えることなく藩内の文武の興隆に役立ち、文化四年（一八一七）の九代藩士長富の藩校敬学館の設立につながる。財政では幕府の「足高《たしだか》の制」（役職に石高を加給すること）に倣い、「役高の制」と「知行割の制」を取ったが、門閥重臣層からの不評を買い、寛延二年（一七四九）の安達・安積両郡の一揆を期に辞任に追い込まれた。

昨非はその後は隠退して詩作の生活を送り、宝暦八年（一七五八）年病没した。享年六〇歳であったという。墓は二本松市竹田の台運寺にある。

二本松城跡戒石銘

二本松城下を潤した二合田用水

寛永二十年（一六四三）加藤氏断絶の後を受け、二本松城主となった丹羽光重は、二本松城の拡長と城下の町割りを急ぎ行った。

加藤氏は小藩であったため、家臣数も少なく侍屋敷もなく町屋が郭内にまで入り込んでいた。一方大勢の家臣を持つ光重は、侍屋敷の確保のため町屋を郭の外に移すとともに、城の東側にある観音丘陵や北条谷の耕地を整備して家臣の屋敷地とした。

町屋は、郭内を通っていた奥州街道を観音丘陵の南側に移し、街道に沿って若宮町、松岡町、本町、亀谷町、竹田町、根崎町の城下六町を作り、移り住まわせた。

郭内の侍屋敷と郭外の町人町の通行は、丘陵の頂部を掘り下げ三か所の「切通し」を造り、それぞれに松坂御門、大手門、池ノ入御門を設けた。

光重は城下の整備とともに、城内外の生活用水の確保のため用水工事を進めた。

用水の築造は、山岡権左衛門の献案により、当時著名な算学者として丹羽家に仕えていた磯村吉徳（文蔵）が測量設計を行い、万治年間（一六五八～一六六一）から始まり、最終的には寛政五年（一七九三）に完成した。用水は安達太良山東麓の岳下地区から引水し、二合田水門で分水して城下の各所に配水するもので、寛文（一六六一〜一六七三）の頃の「城下絵図」で見ると、観音丘陵内の武家屋敷に一本、同丘陵南側の町方に一本、塩沢畷《なわて》から竹田に一本と三本の水路がある。この水路は後に二合田用水と呼ばれ、その延長は二里（約八キロメートル）に及んだ。

二合田用水取水口

二合田用水は、城内外の用水として使われたが灌漑用水にも利用された。『二本松城沿革誌』に「二合田用水は、当城防衛上の生命線であり、また地方数箇所の灌漑用水であった」と書かれており、水下《みずしも》の油井村、塩沢村の新田開発に大きく役立ったものと思われる。

二合田用水は、今も霞ヶ城跡内のるり池や霞ヶ池を潤し、岳下地区各集落の灌漑用水として活用されている。

ここで、現在の二合田用水の流れを追ってみる。

二合田用水の最上部の熊の穴水源から流れ出た水は大関原牧草地を下り、板目沢国有林に入る。この辺りは土地の高低差が大きく、急流となっている所もある。板目沢集落の北側で道路を横切り雑木林に入ると、等高線をたどるように永田

霞ヶ城脇を流れる二合田用水

山の尾根沿いに水路が走っている。やがて上堰分水地に至る。右側が二合田用水本線、左側が上堰分水である。分水は永田馬保内頂上で南下、三保内を通り、東北本線を水路橋で跨ぎ、大壇山の北側に出て作田、冠木の水田を潤し阿武隈川に排水される。

　二合田用水本線は、二合田地区を過ぎ、また雑木林に入り、三〇〇メートルほど下がると六角分水地に出る。右が六角水門、左が二合田用水本線である。六角地区は六角川の源流なので、ここで水を配水し、分水された水は若宮、松岡方面に流下する。かつては、ここで分水された水は滝沢地区で堰上げし、若宮、松岡、本町と流した。ここには幅五間の奥州街道が通り、中央に幅三尺の堀割が設けられ、この水が生活用水や防火の役割を果した。

　用水本線は六角分水地を後にして進むと百間樋にさしかかる。現在の百間樋は、かつての木製箱型樋に代り東北自動車道を誇ぐ高さ三二メートル、延長一〇四メートルのアーチ型上路式掛樋となっている。

百間樋を渡ると左右方向に分水槽がある。当時「二合田下溜」といわれたもので右分水は城内に、左分水は「宮下御殿用水」と呼ばれ塩沢方面を巡って鯉川に排水される。宮下御殿用水の名は、宮山下に藩主隠居所があったためである。城内への水は、お城山を通り、竜泉寺裏を通って終点のお城の見晴台へと向う。見晴台にも分水箇所があり、一方は城内に、一方は西谷からの郭内用水となる。

城内に入った水は、水質が清水に等しいので飲用水にも使われた。さらに水は落差を利用して相生の滝や洗心滝となり、るり池や霞ヶ池の水源となった。その後水は城内より郭内竹田、根崎と流れ、鯉川に排水され、阿武隈川へと注がれる。

大隣寺の二本松少年隊の墓

曹洞宗巨邦《こほう》山大隣寺は、二本松城の西南の老杉が聳え立つ山の麓に建てられた寺院である。幅の広い三〇段の石段を上ると山門跡があり、整然とした八脚門の礎石が残されている。その正面に入母屋造り、瓦葺の重厚な本殿がある。

本殿の後ろに開山位牌堂、左に土蔵造りの丹羽家御霊屋《おたまや》がある。裏山の中腹に、段状に削平された丹羽家代々の廟墓がある。初代光重の五輪塔型墓碑は最奥正面にある。

大隣寺は、丹羽家二代長重が白河城を築城する時、初代長秀の菩提を弔うため、寛永四年（一六二七）越前総光寺から融法全祝《ぜんしゅく》大和尚を招き白河に建立したものである。寺号の大隣寺は長秀の法名総光寺殿大隣宗徳大居士の大隣に由来し、寺紋も丹羽家家紋「違棒《ちがいぼう》」を使っている。

寛永二十年（一六四三）三代光重が白河から二本松に国替えになると大隣寺も二本松に移ってくる。初めは新寺を松渓山麓に造営したが、方角などの理由から向山に移り、寛文七年（一六六七）に現在地に移った。現在の本殿は、文化八年（一八一一）に大改築したものである。

大隣寺二二世大勇孝道和尚は、戊辰戦争で二本松を包囲する西軍に立ち向い、寺を戦火から守り、東軍西軍を問わず戦死者の遺骸を寺に埋葬した。山門を入って左側にある「戊辰戦死者群霊碑」がそれである。

その後ろ側に二本松少年隊の墓がある。

二本松少年隊については、一四歳で大壇口に出陣して戦った水野進の書いた『二本松戊辰少年隊記』に個人の活躍も含めて詳しく書かれているので、ここでは概略のみを記す。

慶応四年（一八六八）五月六日奥羽越列藩同盟が締結され、白河城を巡る東軍（奥羽越列藩同盟軍）と西軍（薩長軍を中心とする新政府軍）の戦いが始まると、二本松藩は東軍の一員として藩の正規軍を次々と繰り出し、白河方面へ送った。

正規軍は、二〇歳以上の者で構成されていたが、実際は二本松藩の「入《い》れ年《どし》」の慣行（一八歳になった時二〇歳になったと届け出ると成人とみなされる）により、二歳下の一八、一九歳の者も正規軍に加わっていた。城下には一七歳以下の少年たちも残されていたが、本宮戦が近付くと一六歳・一七歳の少年も出陣していった。

一五歳の少年たちに出陣許可を出されたのは、西軍が二本松城下に迫って来た七月二十七日で、入れ年の慣行から一三歳、一四歳の少年も出陣することになった。総員六二名。

少年たちは、各隊に分けて配属されたが、砲術師範木村銃太郎の門下生二五名は、大壇口を守る丹羽右近隊の砲術方として一団となって出陣することになった。

翌二十八日、少年たちは砲術道場に集まり藩校敬学館に引率され、ライフル大砲一挺と各自に元込小銃と二包のバンドウ（弾倉）と金一両三分の軍資金が渡され、隊長木村

二本松少年隊の墓　右手に戊辰戦死者群霊碑が見える

銃太郎、副隊長二階堂衛守《よしもり》に率いられ、大壇口に向け出発して行った。

大壇口に着くと右手（北側）の杉数本の立つ竹藪中に、縦木を打ち込み横木を渡して、二枚の畳を並列させて防塁を築いた。

七月二十九日午前九時頃大壇口での戦闘が始まった。初めは先に攻撃を仕掛けた丹羽右近率いる二本松藩勢が優勢であったが、西軍は三方に分散し、包囲するように攻撃してきたので、次第に劣勢になり、その中で少年たちは次々に銃弾に当って倒れていった。

帰城命令も出されていたが、その途中木村隊長と副隊長も敵弾に倒れ、残された少年たちは散々となり、城下の白兵戦に加わり斬り死する者もあった。残った一〇名近くの少年は、藩主を追って米沢を目指したり、会津に落ちていった。

戊辰戦争に出陣した二本松少年隊六二名のうち、戦死者は一四名で、その殆んどは大壇口に

大隣寺本殿

出陣した少年たちであった。

少年隊の墓は、昭和七年九月大隣寺住職高松魁学師によって「二本松少年隊忠霊塔」として建立された。

福島県で初めての民営機械製糸工場 ― 二本松製糸会社と双松館製糸工場

安達地方は、『吾妻鏡』に藤原基衡が毛越寺本尊の彫成の謝礼に仏師運慶に安達絹千匹(一〇〇〇匹は布の長さで約一五キロメートル)信夫毛地摺千端を贈ったと書かれるように、古くから絹の生産地であった。

明治に入って、輸出品として生糸の需要が急速に増加すると、安達地方はいち早く機械製糸を取り入れた。

明治六年(一八七三)二本松町の豪商安斎宇兵衛、小野組小野市兵衛らは資本金五万五〇〇〇円を出資して二本松製糸会社を設立した。

工場は二本松城跡地(今の箕輪門下の駐車場辺り)を払い下げ、整地して同年六月に竣工した。機械製糸では明治五年の官営富岡製糸工場に次ぎ、福島では初めての近代的機械製糸工場であった。

工員数は男工四五人、女工二五三人で、女工の出身県別では、福島一一五人、宮城五三人、

二本松製糸工場全景（『二本松市史』）

山形二二人、秋田二〇人で東北中心に一〇県から集まった。工女の出身階層では、富岡製糸工場の例のとおり、最新式機械の操業技術を習得する必要から、中層階級以上の婦女子、特に旧士族の女子が多かったと推測されている。給料は日給制であった。

それまでの製糸方法は、座繰りといわれた手作業で行われたため、斑《むら》が多かったが、機械製糸が始まると、生糸の品質は格段に向上した。

二本松製糸会社の生産は年々増加し、明治十七年には一万一六六八斤（一斤は六〇〇匁二六・二五三キログラム）に増加した。しかし明治十五年頃からデフレの進行により製品価格が低下し、さらに機械設備の消耗破損が加わり、明治十九年に至って会社は解散することになった。

二本松製糸会社は、同社副社長の山田脩と横浜の生糸貿易商安斎徳兵衛により、工員ともども買収され、資本金一万五〇〇〇円で、双松館と名称を変え、工場はそのまま継続操業された。

その後双松館は、明治二十六年に二本松町椚橋《くぬぎばし》に設立された安達製糸会社をも買収し、本町分工場として稼動させた。

大正五年（一九一七）の双松館の稼動状況は、職工五四一人（ほかに九〇人の日雇工がいた）、生糸生産高七〇八四貫（二万六五六五キログラム）、価格四六万七〇〇〇円に達した。工場の動力源は二本松製糸会社は薪による蒸気タービンであったが、双松館では水車を使い、さらに明治四十年代には電動機に変わった。

第一次世界大戦（一九一四〜一九一八）が終ると、不況と世界的な経済恐慌から、蚕糸業は深刻な打撃を受け、激しい競争にさらされ、生き残るには企業の集中や合同が必須となったが、双松館は企業の合同に失敗し経営が行き詰まり、大正十一年に工場を閉鎖した。そして間もなく、火災により工場は焼失してしまった。

明治18年の二本松製糸工場の内部風景（『二本松市史』）

「岳山くずれ」から立直った岳温泉

岳温泉は、安達太良山東斜面の標高五〇〇メートルの高所にある温泉で、現在旅館数一一、ペンション・民宿六、共同浴場が一軒ある。

安達太良山と並んで聳える鉄山の南面直下のくろがね小屋付近に豊富な源泉地帯がある。谷筋には灰白色に変色した岩肌が広がり、黄変した噴気口からは勢い良く蒸気が絶え間なく噴出している。元湯の湧き出し口は、一五か所あり、毎分一三五リットル、摂氏六〇度から九八度の温泉が、金明水・勢至平・長坂を経て東方八キロメートルの岳温泉に引湯されている。泉質は天然温泉では珍しい酸性泉で、水素イオン濃度（ＰＨ）二・五、温泉成分にカルシウムイオン、アルミニウムイオンが豊富で、美肌効果の大きい温泉である。

温泉は初めこの元湯（原湯）地帯にあり湯日《ゆい》温泉と呼ばれた。

現在の源泉地の様子

相応寺蔵『安達太良山縁起』によると「昔徳一大師が霊夢のお告げにより安達太良山に登ったところ、手負い猪や半死の猟師がたちまちのうちに回復したので、よく見ればその湯は薬師如来の肌を通して湧き出ていた。そこで大師はこの薬師如来を眉岳に安置した」と温泉発見の経緯を書いている。また元文元年（一七三六）に岳東隠人が書いた『安達岳の記』に「この山は大同二年（八〇七）に道が開け、山頂に甑明神が祀られた。狩人が山へ入って温泉を発見し、以来人に知られ二四〇年間繁昌した」と書いている（坂上田村麻呂が東征の折に発見したとの伝承もある）。

この温泉は、『日本三代実録』の貞観五年（八六三）の条に「小結《こゆい》温泉神に従五位下を授く」と書かれ、九世紀頃には、小陽日《こゆい》或いは陽日《ゆい》温泉として広く知られていたことが判る。湯日の名は、この地を通った東山道の伝馬駅に陽日駅があり、その上流に湧く温泉という意味でこう呼ばれたものと思われる。

陽日温泉が一般の湯治に利用されたのは、天正年間（一五七三〜一五九二）畠山氏の家臣で栗ヶ柵館主秩父道閑の開発による。道閑は平姓を名のり、温泉の湯守となったほか湯小屋も経営していた。以後陽日温泉は、文政七年（一八二四）の「岳山くずれ」と呼ばれる山崩れ潰滅まで二〇〇年間にわたり繁栄し続けた。

文政七年は八月上旬から連日雨が降り続いていたが、八月十五日は朝から激しい風雨となり、

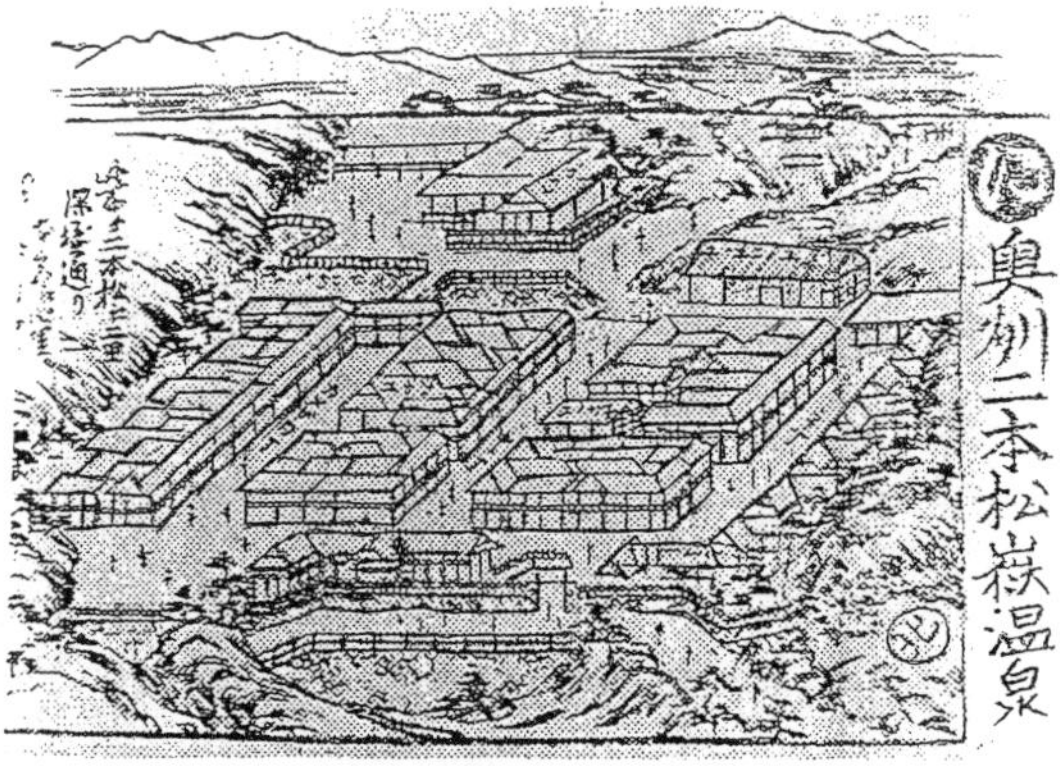

奥川二本松岳温泉図（『諸国道中商人鑑』）

夜になると山鳴りも聞こえ、突然ドーンという豪音とともに大量の土砂が湯小屋を押し倒した。泊り客は寝入り直後のため丸裸のまま泥流に巻き込まれてしまった。

　この結果、温泉番所をはじめ、湯小屋一一軒全部が倒壊し、浴客など六三人と湯小屋で働いていた約一〇〇人の女郎が死亡した（女郎は主に越後から来ており、身元不明として引取人がいないため深堀に運び埋葬した—『女郎塚の由来』）。温泉の復興には二本松藩が中心となり、領内各村から人夫を動員して進め、文政八年に、湯川の上流十文字岳の麓に再建された。十文字岳温泉或いは単に岳温泉と呼ばれた。

　元湯からの引湯作業は、二本松城下の導水事業（二合田用水）に成功した磯村文蔵が当り、元湯から六キロメートル離れた十文字岳温泉まで、木樋や瓦樋を使い引湯した。

　復興した温泉は、旅館のほか藩主御殿、商店、住居を含めて五〇軒もある温泉町となった。湯島昌平校の教授となった安積艮斎《ごんさい》は天保七年（一八三六）に訪れ、「旅館数一七軒すべて二階造りで湯ぶねは通りに面して石で囲い、その湯気は伊豆熱海の海潮泉に似ている」といっている。

奥州二本松岳の湯として繁栄していた十文字岳温泉も戊辰戦争の折、慶応四年（一八六八）四月会津藩兵に占拠される懸念から二本松藩によって焼き払われてしまった。これは当時新政府の会津征討命令により二本松藩は会津藩と戦闘状態にあったからである。

その後明治三年（一八七〇）現在の岳温泉に接する深堀地区に、深堀温泉として復興された。明治維新の変動期であったため、規模の小さい旅館一四軒が夏無川のほとりに建てられた。しかし明治三十六年九月大火が発生して、全旅館が焼失してしまった。

現在の岳温泉が再建されたのは、深堀温泉焼失後の明治三十九年であった。再建場所についてはいろいろ議論されたが、岳下村、永田村、原瀬村の有力者が結束して岳温泉株式会社を設立し、椚平《くぬぎだいら》国有林を払い下げ、そこに温泉

温泉神社前から見た現在の岳温泉

岳温泉全景（岳温泉観光協会パンフレットより）

を再建することに決まった。

温泉街は伊東弥吉氏の設計で、流川通りに道幅を広く取り、両側に旅館と商店を並べ、その中央に二つの共同浴場を配置するものであった。

岳温泉は、その後も時代の変化に対応しながら、近代的な温泉に脱皮し発展を続けている。その中の活動の一つに、昭和五十七年の「ニコニコ共和国」の設立がある。これは東北新幹線の停車駅を持たない岳温泉が、高速鉄道体系から取り残される懸念から出た発想で、岳温泉全域をニコニコ共和国と呼び、アメリカ合衆国の国家組織を真似、大統領と七二名の閣僚を選び、それぞれが分担を決め、次から次へとイベントを企画し、観光客を招き寄せていったのである。観光協会を「国会議事堂」と呼び、事業活動の中枢に位置づけ、通貨「コスモ」を発行して客の買物の便宜を図った。この事業は平成十八年まで、およそ二五年間続けられ、岳温泉の名を全国に知らしめたのである。

二本松神社と太鼓台祭り

ＪＲ二本松駅から駅前通りを真っすぐ一〇〇メートルほど西に歩くと二本松商店街の中を通る旧国道に突き当る。正面に二本松神社の石造りの大鳥居が見える。大鳥居をくぐり、広くゆったりとした石段を一〇〇段ほど上ると随神門がある。境内に足を踏み入れると、二本松神社の社殿までの参道は、広く長く、祭礼には数多くの火籠が並べられる。境内には欅《けやき》や杉の古木が鬱蒼《うっそう》と茂り、下界の商店街の喧噪《けんそう》とは別世界のようである。

二本松神社は拝殿の後ろに二つの本殿がある。向って右側が熊野宮で伊邪奈美命《いざなみのみこと》を祀り、左が八幡宮で品陀和気命《ぼんだわけのみこと》を祀る。二本松神社は明治五年まで御両社《ごりょうしゃ》と呼ばれていた。

二本松神社の創建について、沢崎実備（朝倉霜台）が

二本松神社拝殿

書いた『金華鈔』に「この霧の城の本丸は五重の櫓を構え、奥の郭に源氏の氏神正八幡大菩薩を祀って八幡平と云い、西の郭に、畠山家代々紀伊の国の守護職であったので熊野大権現を祀って権現丸と名づけた」と書いている。奥州探題畠山満泰は、応永十一年（一四一四）田地ヶ岡館から、要害の地である霧山の白旗ヶ峯に城を築き居城を移した。後の二本松城である。二本松の名は、この時城の守護神として赤斑《まだら》の牛二頭を生き埋めにし、その上に二本の松を植えたためといわれる。

以後熊野・八幡の両社は、城内にあって、二本松城主となった蒲生・上杉・松下・加藤氏に崇敬された。

寛永二十年（一六四三）二本松に入部した丹羽光重は、正保三年（一六四六）から城下の整備を行い、それまで松坂口から城の南を通っていた奥州街道を、南側に連なる観音丘陵の外側に付け替え、丘陵三か所を切通しにして松坂門、久保町門、池ノ入門を設け、その東側に設けた町屋は奥州街道沿いの平坦地に配置し、城の一角に祀られていた御両社を奥州街道沿いにある旧栗柵館跡（本町）に移した。御両社は二本松藩領内総鎮守と定められ、領民の参拝が許された。

その後御両社は明和元年（一七六四）に総改築されたが、同三年の大火で焼失、安永六年（一七七七）に再建されるが、寛政六年（一七九四）再び大火で焼失した。

現在の社殿（拝殿・本殿）は文化三年（一八〇六）に再築、随神門は文化四年のものである。

二本松神社の祭礼は、十月四、五、六日の三日間行われ、鈴生りの提灯《ちょうちん》を下げた太鼓台が町中を練り歩くことから「太鼓台祭り」或いは「提灯祭り」ともいわれる。

初日は宵祭りで、七台の太鼓台が亀谷町に集まり、各町内から選ばれた若連の代表者が二本松神社から運んで来た御神火を太鼓台の提灯に移し出発式が行われる。その後太鼓台は適当な間隔を取りながら、威勢よく鉦《かね》や太鼓を打ちながら各町内を巡行する。

勇壮に囃子を奏しながら練り歩く太鼓台

　五日は本祭りで、午前九時頃には、七台の太鼓台が二本松神社下に集まり、神社から降りて来る神輿を迎える。「宮詰《みやづめ》」と呼ぶ。その後太鼓台は神輿に供奉して各町内を廻る。神輿は町内を一巡すると太鼓台と分れ、神社に戻り「宮《みや》入《いり》」が行われる。夜は町内に戻った太鼓台が提灯をつけて町内を練り歩く。

六日は後祭りで、この日は観音丘陵を境にして表町四町と陰の町三町に分れ、それぞれの町内で合同引き廻しが行われる。その後表町の太鼓台は二本松神社に行き、神社に向って整列礼拝する「宮向《みやむかい》」が行われる。その後も太鼓台は祭り囃子を華やかに鳴らしながら町内を巡り、夜の十時頃に若宮町に集まり、解散式が行われる。

二本松太鼓台祭りは、元禄の頃（一六八八～一七〇四）から行われていたといわれ、華麗な祭囃子と豪華な太鼓台が評判で、「日本三大提灯祭」の一つに数えられている。

鈴石神社の太々《だいだい》神楽

阿武隈山地が阿武隈川に向ってなだらかに下る標高二三〇メートルほどの二本松市鈴石地区に鈴石神社がある（永和四年（一三七八）滝古屋竜我城主鈴木六郎久道が慈現大明神を勧請して創建したといわれる）。この神社は旧石井村の鎮守で、祭神は大碓命《おおうすのみこと》（日本武尊《やまとたけるのみこと》の兄といわれる）である。

鈴石の名は、神社の西側の道路左側の小高い所に、高さ二メートルばかり、形は丸く鈴に似て割れ目のある大石があり、昔はこの石が鳴ると、鈴のように聞こえたことから鈴石と呼ばれ、村名や神社の名前になったといわれる。

神楽は鈴石神社の春の祭礼（四月二十日）と秋の祭礼（十月八日）に境内の神楽殿で演じられる。神楽殿は社殿の左側に建てられていて、間口二間五尺（約五・一メートル）、奥行二間一尺（約三・九メートル）の茅葺き入母屋造りで、舞台は高さ一間、奥行一・五間（約二・七メートル）で、後ろに奥行半間の楽屋が附属している。

鈴石神社

　鈴石神社の神楽は、明治維新頃まではこの方部の神職たちが互いに集まり演じていたが、その後は氏子の人たちに引き継がれ、楽人会を組織し今日まで伝承されてきた。

　演目はもと三六座あったといわれるが、現在は大麻《おおぬさ》・一本扇・榊舞・大刀・二本扇・素佐男《すさのう》・天狐《てんこ》・国堅《くにがため》・天地開《てんちかい》闢《びゃく》・倭姫《やまとひめ》・三種楽・鎮悪神・種子《たね》蒔・面足《おもたり》・大国《おおくに》・幣舞・猿田彦・五行楽・大延《おおのべ》・白杖《しろつえ》・燈明楽《とうみょうらく》・岩戸開き・事《こと》代《しろ》・諏訪鹿島・弓矢・二玉楽《ふたたまらく》の二六座を伝える。

　舞方の衣装は、白衣、千早、狩衣で、袴か差貫袴で白足袋をはく。被物《かぶりもの》は烏帽子《えぼし》、烏兜《かぶと》、天冠、しゃぐまなどがある。

鈴石神社の太々神楽（『二本松市史』）

採物《とりもの》は、幣束、神鏡、玉、白杖、扇子、矛、大刀、鍬、鎌、弓矢、釣竿、鈴などである。

神楽には神歌も詞章もなく、「岩戸開き」に一言入るのみで、もっぱら大小太鼓、小鼓、篠竹、能管などによる囃子で舞う。その囃子には下り羽・舞出し・タナタンポ・四つ拍子《ひょうし》・七つ拍子・四つくずし・五神拍子・二段・吾妻拍子・乱調・小拍子・大和拍子・オヒトロロ・鎌倉・吹上げなど一六拍子があり、これらが演目によって組み合わされる。

鈴石神社の代々神楽は県内最古のものといわれ、昭和五十二年に福島県の重要無形文化財に指定され、この方部の代表的神楽となっている。このほか二本松市には、原瀬の原瀬諏訪神社（演舞日八月二十六日、二十七日の祭礼）、平石字高田の高田八幡神社（演舞日四月二十日、十月九日の祭礼）、錦町の西荒井八幡神社（春四月二十日秋十一月二十三日）、塩沢の塩沢神社（春三月二日、八月二日、新嘗祭）で神楽が演じられる。

石井の田植踊りと七福神

二本松市南東部に当る石井地区（旧石井村）は、阿武隈山地の裾野部に当り、小高い山々が重畳《ちょうじょう》とする山間に、鈴石、土路海《とろみ》、西荒井、大久保、堀越、太三郎内、箕坊内、別当内、藤治内、山伏坊などの集落が開けている。

田植踊りや七福神は、かつてはどの集落でも行われていたが、今では鈴石、土路海、西荒井と平石三丁目の四か所だけとなってしまった。石井地区にあるため石井の田植踊り・石井の七福神と総称されているが、正しくは集落名を冠して、鈴石の田植踊り・七福神、土路海の田植踊り・七福神と呼ばれる。

田植踊りは、古くは田主が田の畦で自ら音頭を取って踊ったといわれるが、弘化二年（一八四五）頃から小正月に七福神舞いと一緒に行うようになった。

現在は新暦の小正月前後に、年重ねの祝儀に特に依頼された

石井の田植踊り（『二本松市史』）

石井の七福神（『二本松市史』）

場合にのみ舞込んでいる。

田植踊りの運営は、鈴石、土路海、西荒井の三地区が合同して「石井芸能保存会」を結成して行っている。踊りは鍬頭の久六一名、奴五名、早乙女四名によるが、鈴石だけは小昼飯《こぢはん》を持った「ばっぱ」と検見役の代官が各一名加わる。

久六は山大人ともいわれ、袷に前鉢巻、両たすき、白足袋、赤縁の白手甲で、右腰にひっこき（ちぢみ帯のこと）を下げ両手にするす竹を持つ。奴の服装は久六と同じだが、「花がせ」とも呼ぶ割竹を楕円形にまわし、五色の色紙を張りめぐらした軍配を持つ。早乙女は揃いの振袖を着て花笠、片たすき、白足袋、赤縁の白手甲で左腰にひっこきを下げ、日の丸扇子を持つ。

囃子方は大太鼓、小太鼓、鼓、拍子木《ひょうしぎ》、三味線である。

舞込みは七福神に続いて座敷に上がる。順序は久六を先頭に奴、早乙女と一列に並んで進み、舞庭に入ると早乙女が前立ち、奴は後立ちになる。

踊りは、初めに祝いの踊り（花がせ・五葉松・今日の田植え）から入り、次に稲作の所作（田耕《うな》い・掻き方・しめ方・住吉・種蒔き・河原島・苗取り・田植え・十七、八・稲刈り・稲干し・稲結い・稲扱《こ》き・籾よし・唐箕吹き・するす・米搗《つ》き）を順に踊り分け、最後に舞納《まいおさ》めの踊り（鶴どの亀どの・上りはか）となる。

石井の田植踊りは、東北地方では最も古風で種目数も多く、田遊びが舞踊化した典型的な例で大変貴重なものとして昭和四十七年に福島県指定文化財に指定された。

石井の七福神の由来は、天保年間（一八三〇～一八四四）に鈴石に与左衛門という芸達者がいて、仲間と獅子神楽やおかめ舞、福の神舞を踊っていたが、江戸から六右衛門という絵かきがやってきて、その人の描いた七福神の似顔絵を被り変装して踊ったのが始まりといわれる。それ以来鈴石ばかりでなく旧石井村の殆んどの集落で行われるようになったといわれる。しかし現在は鈴石、土路海、西荒井、平石三丁目の四か所になってしまった。

七福神舞は田植踊りと対で行われているが、かつては田植踊りと別に旧暦一月十四から十六日の小正月に夕方から夜半にかけて地区内を戸毎に廻っていた。現在は新暦の小正月前後に慶弔など特に依頼された場合に舞込んでいる。

七福神も田植踊りと同じく、昭和三十三年から石井芸能保存会が管理運営を行っている。踊り手は稲荷一名、七福神七名、道化役の岡崎二名である。

踊りの衣装は、稲荷・毘沙門天・弁財天・布袋《ほてい》などとそれぞれが面をつけて黒布でほお被りし、黒の袷、黒の長袖に羽織袴となり（弁財天は紫の手甲に袖なしの羽織を着て赤い袴をつける）、それぞれが扇子、槍、琵琶杖、釣竿など七福神の得物を持つ。

座敷に入ると、先導役の稲荷が舞い出て立ち膝となり、開いた扇子を振りながら七福神の数え歌をうたうと、初めに毘沙門天が右手に持った槍で地を突くようにして入り、次に琵琶を弾きながら弁財天、次の布袋は右手に大杯を持ち腹を突き出しながら中央に進む。続く福禄寿は左に杖を担ぎ右手の軍配を腰にあてて中央へと進む、次の寿老人は左に杖を担ぎ、扇子を開いて入ってくる。続いて、大黒天、恵比須と入り、それぞれが舞込み歌をうたって神棚の前に座る。最後に岡崎がおどけ姿で出て、杵で藁《わら》を打ち、注連縄と蔟《まぶし》を編む。注連縄は神棚に上げ、まぶしは主人の前に差し出す、ここで囃子方から「神上り」の声があり、再び稲荷を先頭に同じ順序で退席する。そしてこの後に田植踊りが続く。

鈴石・土路海・西荒井の七福神は、田植踊りと対で昭和四十七年に県の指定重要文化財に指定された。

二本松市（旧安達郡安達町）

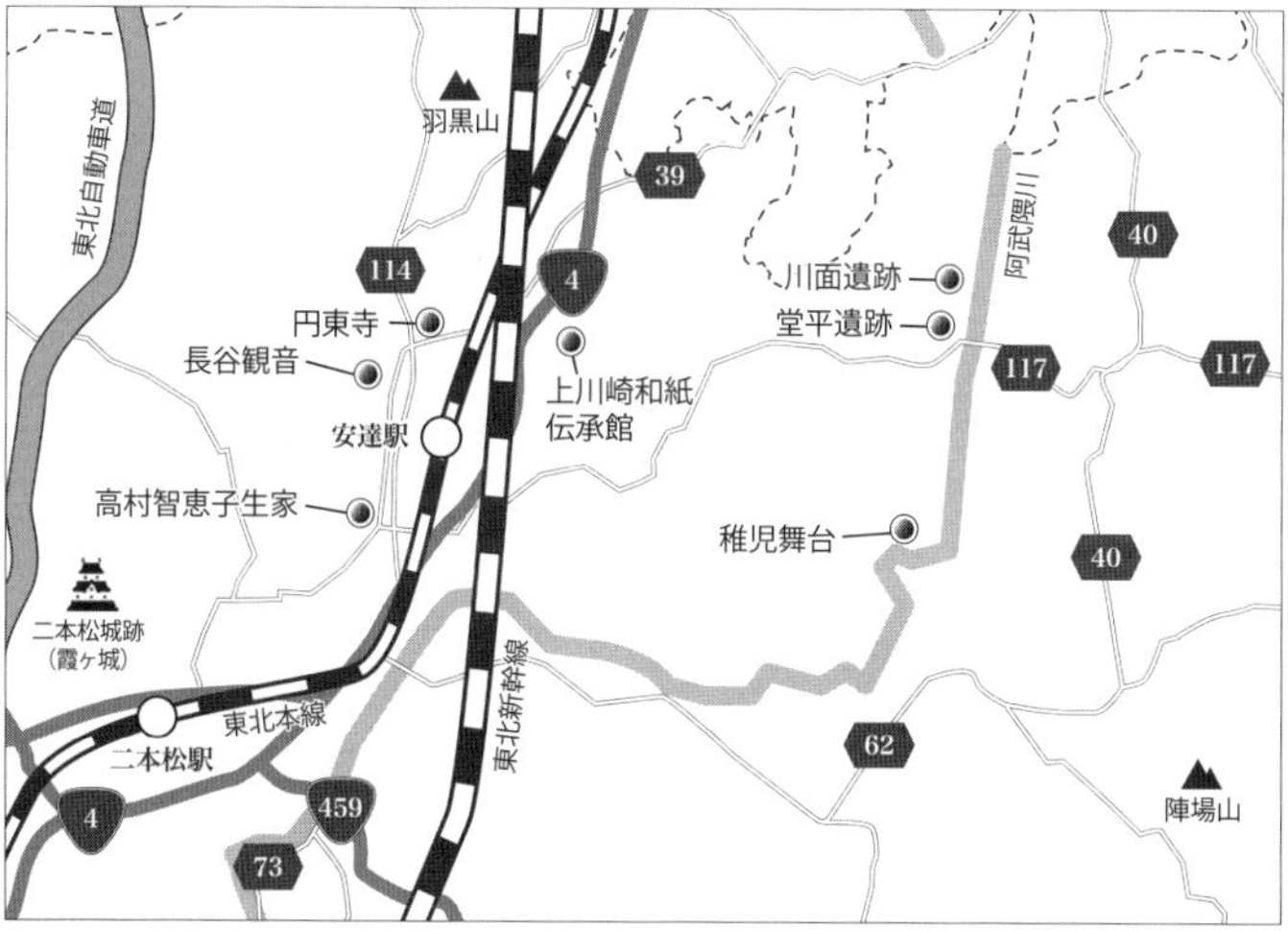

大型土偶の出土した堂平遺跡

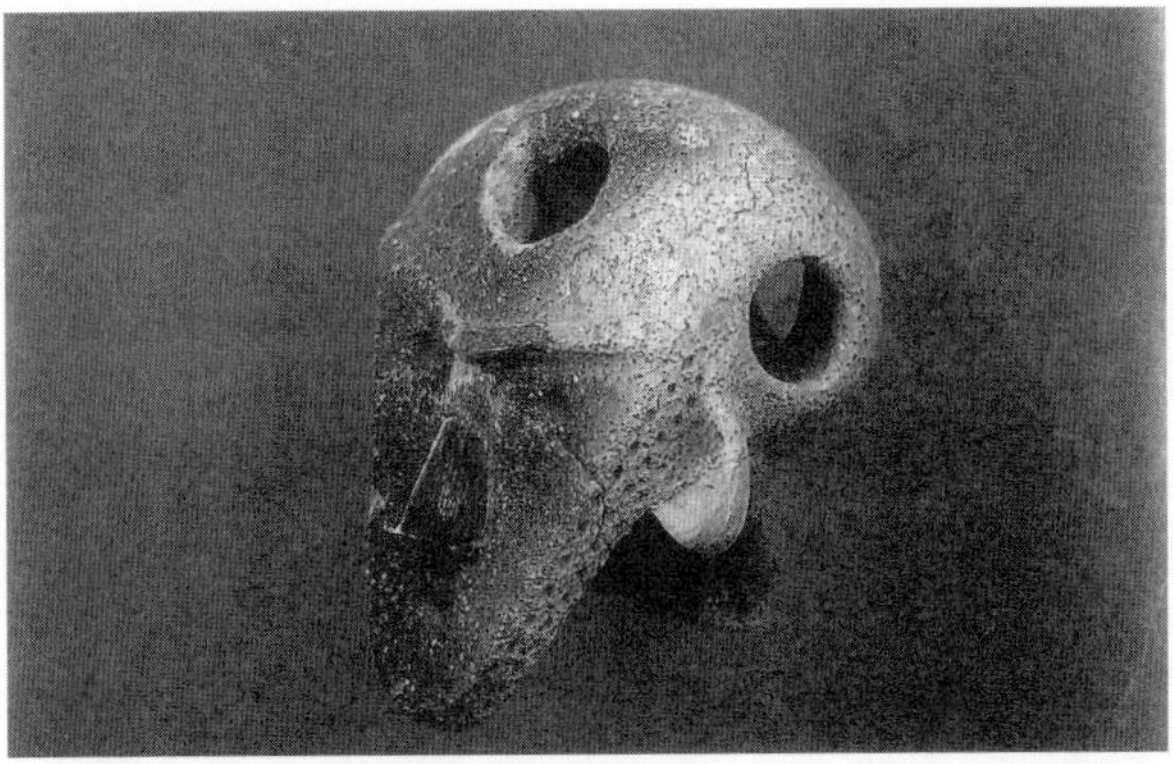

堂平遺跡出土の土偶頭部（『安達町史』）

堂平遺跡は、阿武隈川西岸の南北に長い台地上に位置し、安達町下川崎字堂平、堂平山、砂粉田、水神山にまたがる広大な面積を有する縄文時代中期の遺跡である。

調査は昭和四十八年と平成九年の二度にわたり行われた。

調査の結果、複式炉を伴う竪穴住居跡二八軒、貯蔵用と思われる土坑三七六基と住居跡や土坑の中から極めて大型の土偶や土器が検出された。

土偶は土で作った人形《ひとがた》を焼いたものをいうが、この遺跡から土偶の頭部、胴部、胴下部がバラバラで出土した。

頭部は住居跡から出土したが、高さ約九・三センチメートルと大きく眉と鼻が隆起し目と口は凹み、耳から顎《あご》にかけ帯状に小穴が穿《うが》かれている。頭部は中空で四面に二・五

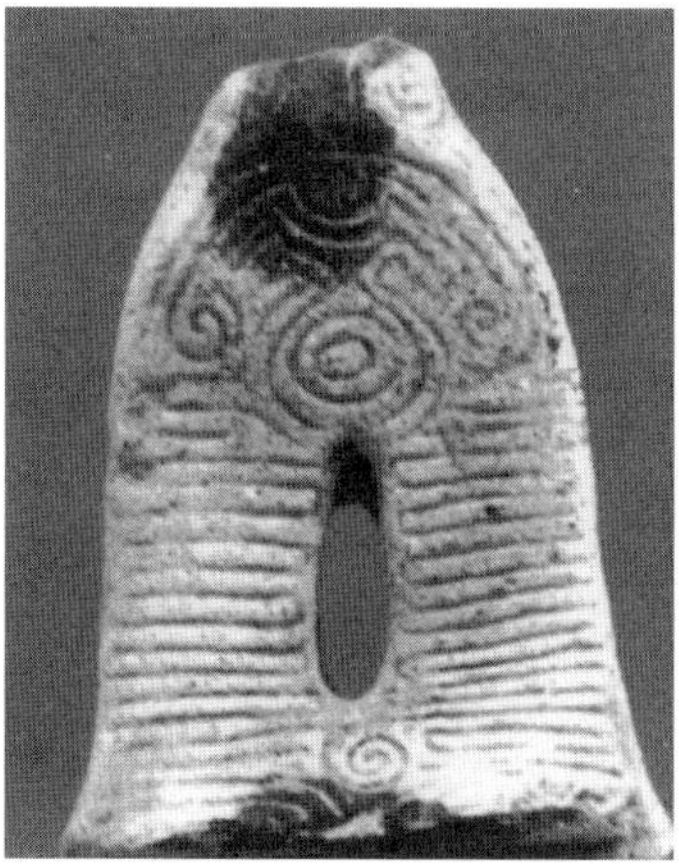

土偶の胴下半部（『安達町史』）

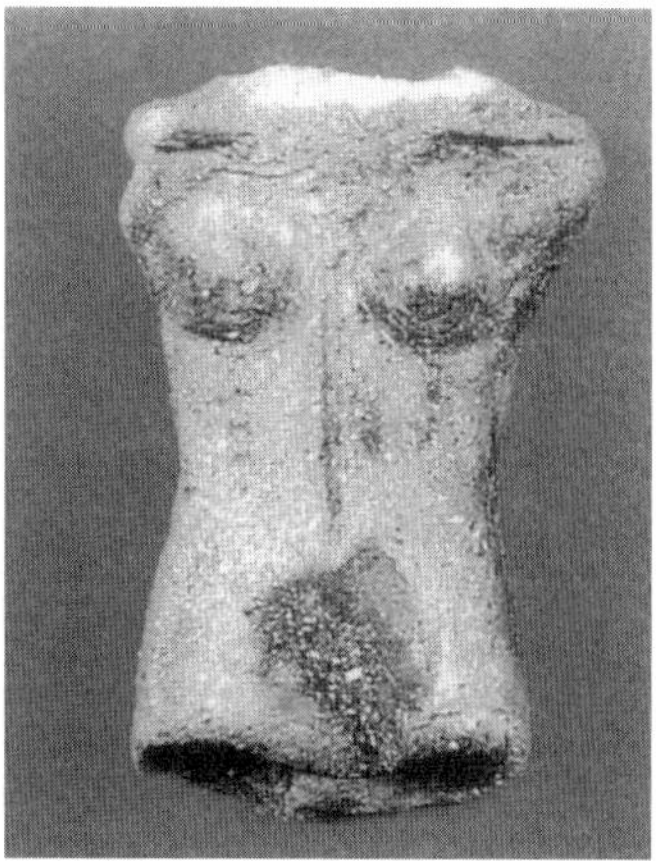

土偶胴部（『安達町史』）

センチメートルの穴が開いている。顔は細面で丁寧に描かれている。

胴部は土坑から発見されたもので、乳房や腰部の張り出しが明瞭な土偶である。

胴下部は現存の高さ二一・五センチメートルで、腹部や臀部が張り出し、足も太く安定している。腰部から太ももにかけ施文された肋条様の沈線文や渦巻文は、衣装をまとっているような錯覚を生み出す精巧な文様である。

現在縄文時代の土偶は、全国で一万五〇〇〇個出土したが、一体となって出土したものはなく、その多くは頭・胴・脚などの各部がバラバラに出土している。

土器ではこの遺跡から大型の深鉢や注口土器なども出土した。

深鉢は飯野ダムの水没地点の字水神山からで、阿武

堂平遺跡出土の深鉢土器
(『安達町史』)

隈川の流れで姿を現した。文様は撚糸文を平行に付着させ渦巻状の構図を描き、表面を消磨させ意匠的に発展させたものであった。

高さは四一・五センチメートル、直径が四二センチメートルであった。

このほか土器では、割りくるみの耳のような把手《はしゅ》をつけた注口土器、底が比較的小さい壺形深鉢、竹管や半割竹管を利用して施文した土器などがあった。石器では、青竜刀形磨製刀（刀身三二・五センチメートル最大幅五センチメートル柄もあり）、ナイフ型石器、石鏃多数があった。

堂平遺跡の北に二つほど小山を越した丘陵上に川面（上台）遺跡がある。ここも阿武隈川を見下ろす高台で、堂平遺跡と並ぶ大集落があったといわれる。

徳一大師開基の円東寺

円東寺は旧奥州街道が通った安達町渋川字下原六八にある。

『円東寺縁起』によれば「大同年間法相宗祖徳一大師が奥州巡遊のおり、安達太良山眉岳に薬師如来、浄土平に阿弥陀如来、鬼面山に観世音菩薩の各尊像が峰頂に現われた。徳一大師はその光明を拝視するや、この一山こそ衆生解脱の霊山であると悟った。（中略）そこで猿鼻の地蔵小屋の下に観世音菩薩を本尊として円東寺を建立した」と伝え、さらに「田地ヶ岡の城主安達太郎の廟を安達岳に建て、薬師如来を本尊として安達太良明神と号し奉祀した。また太郎の臣箕輪太夫の廟を箕輪山に建立し阿弥陀如来を本尊として祀り箕輪権現と称した。同じく鬼王丸の廟を鬼面山に建て観世音菩薩を本尊として鬼面骨明神として祀った。これら各廟は円東寺が鎮守別当することとし、塩沢邑を円東寺の寺領とした」と書いている。

円東寺は、畠山氏が田地ヶ岡館から霧山の白旗ヶ峯に移った後塩沢村加持内に移転し、さらに渋川村の桑原館付近に移った。桑原館主の退転後は村はさびれ、寺は盗

円東寺本堂

人の放火により焼失、この時円東寺は寺宝と証文を失なった。

その頃上杉景勝は、会津若松に一二〇万石が与えられると、家臣の安江五三衛門、石栗将監に命じて領内沿道の宿駅を整備させた。二本柳宿は壇の原堀をはさんで両側に道路をつけ、その外側に住居を並列させる町割の形となった。円東寺は、慶長三年（一五九八）この二本柳宿に再建された。

二本柳の名は、円東寺の北にある弘法清水の周囲に旅の僧が二本の柳を挿し、加持祈禱《きとう》を行ったことに由来する。

円東寺境内には疱瘡神が祀られている。

神社は二本松藩初代藩主の丹羽右京大夫光重の寄進により、宝永三年（一七〇六）に造営され、その後も二本松藩の手厚い保護を受けたといわれる。

日本三観音の福岡の長谷観音

安達町油井字福岡の長谷観音堂は、古松老杉が鬱蒼と茂る丘陵の頂上にある。麓には油井川の清流が流れ、一九〇段の石段を上ると観音堂の境内に出る。燈籠が並ぶ境内には、樹齢数百年と推定される赤松の巨木「笠松」が低く枝を広げている。

福岡の長谷観音は大和の長谷観音、鎌倉の長谷観音とともに日本三観音に数えられている。

本尊は、像高一〇五センチメートルの十一面観音で頭上に化仏を置き、顔と肉身以外の裳条帛は、前後とも平ノミを使用し、縦横の縞目をつける、いわゆるナタ彫り形式になっている。顔は丸みを帯び、長い眉、切れ長の伏目、腰から膝にかけての表現は藤原時代の特徴を有している。

長谷観音堂　全景　手前が笠松

普段は秘仏として厨子の中に納められており、三十三年忌と中間の十七年忌に開帳される。この日真夜中に無灯の中「お衣《ころも》更《が》えの儀」が行われる。

長谷観音堂境内にある「仏像（石彫）由来記」によれば次のとおり書いている。

聖武天皇の頃、藤原房前大臣（天平九年＝七三七没）が仏師稽文会《けいもんえ》・稽主勳《けいしくん》に霹歴木（埋れ木）で三体の十一面

福岡の十一面観世音像
（『安達町史』）

観音を彫刻させ、一体を大和の長谷寺に、一体を鎌倉の長谷寺に納め、残る一体は房前の子魚名に伝えられた。この尊像は魚名を祖とする小野田家に代々伝えられ、秘仏として崇拝されてきた。

源頼朝の平泉征討の折、論功行賞として小野田藤九郎盛長に西安達が与えられると、盛長は小野田を安達に変え、稽文会の作った一木三体の十一面観音像の一つを持って来て、この地の守護仏に祀ったと伝えている。

木像は旧長谷堂屋敷に安置されていたが、堂宇の荒廃を懸念して初代二本松藩主丹羽光重が、明暦三年（一六五七）現在地に堂宇を建立して木像を移し、以後丹羽家の祈願所とした。

長谷観音堂の縁下から「御身の霊水」と呼ぶ清水が湧くといわれる。これまで明治三十七年、大正十三年、昭和二、十一、二十四、三十一年に湧き出たという。この湧水は観音の霊力により湧き出る霊水で万病に効くという。

名勝稚児《ちご》舞台

阿武隈川の渓流が岩に砕けて白い水飛沫《しぶき》をあげて流れ、巨岩絶壁が続く川の左岸に稚児舞台がある。春早くに自生の稚児桜（コゴメザクラ或いはユキヤナギ）が咲き、やがて両岸の数百本の桜が咲く花の名所で、秋には紅葉が美しく岩を染める。対岸には島山廃寺跡があり、今は公園として整備されている。

稚児舞台の名は『積達遊覧誌』に「その名は往年雨乞いした時、この石上に棧敷《さじき》を設け児童を舞わせた事による」と書くが、地元では前九年の役での稚児舞台の悲話が伝承として残されている。大塚正伊編『安達の伝説と昔話』から紹介する。

稚児舞台

稚児舞台悲話

今から九五〇年ほど前、この阿武隈川を挟んで八幡太郎義家（源義家）は島山に、安倍貞任は児子《らご》山に陣を敷き、壮絶な弓矢による戦いを数十日続けていた。そんなある日、源氏の兵が「京の都では稚児でさえも舞をまう。田舎者のお前らはそれもできまい」と大声で対岸の岩の上で挑発した。これを聞いて怒った貞任は、娘ふたりを稚児に仕立てて岩の上で舞をまわせた。

春風の運ぶ雅楽の調べに乗せて天女のように舞うふたりの姿に敵味方なくやんやの拍子が鳴り響いた。しかしふたりの娘は敵に生き恥をさらしたと相抱いて淵に身を投じてしまった。義家はこの様子を見て、不憫《ふびん》に想い、娘ふたりを二つの塚に葬り、手厚い供養をしたといわれる。

ふたりの舞った児子岩を今では稚児舞台と呼んでいる。

稚児舞台となった岩上には虚空蔵菩薩堂がある。堂の奥の自然石に義家が矢じりによって刻んだ虚空蔵菩薩像があり、奥の院尊像となっている。この由来から矢鏃《やじり》虚空蔵菩薩ともいう。

福島県には、義家・貞任伝説が多いが、安達地方には特に多い。木幡山旗祭りの由来をはじめ、杉田の虎丸長者（長者が安倍氏の味方をしたので義家は怒って屋敷を焼き払った）、岩井の清水（義家が矢じりで清水を掘った）、織井の井戸（上に同じ）、馬場桜（ここに義家の馬場があった）、下川崎の馬隠神社伝説（頼義・義家親子がこの神社で戦勝を祈願した）などである。

安倍氏は一〇世紀頃、奥六郡（岩手県・青森県を指す）を領有しており福島県まで攻め上ってきたとは考えにくいが、『義経記』にも「（源氏は）篤借《あつかし》の中山を後にあてて、安達の郡に木戸を立て、行方の原（矢吹が原の古名）に馳せつけ貞任を攻む。その日の戦《いくさ》に打ち負けて浅香の沼に引き退く」と随所に福島県の地名が出ており信じなければならないものがある。

高村智恵子生家

高村光太郎の詩集『智恵子抄』の表題となった高村智恵子（旧姓長沼智恵子）は、明治十九年安達町油井で酒造業を営む長沼家で父今朝吉、母センの長女として生まれた。

智恵子は、生家の北方の高台にある油井小学校を卒業すると福島高等女学校（現県立橘高校）に編入学し優秀な成績で卒業する。明治三十六年に上京し日本女子大学家政科に入学するが、卒業しても郷里に戻らず、大平洋画会研究所で油絵を学び、明治四十四年に創刊した『青鞜』

高村智恵子生家（復元）

の表紙絵を描き注目された。智恵子が光太郎と出会ったのはこの頃で、大正三年に結婚し、本郷駒込林町にアトリエ付きの新居を構え結婚生活が始まった。

ここで智恵子の生家の長沼家に戻す。長沼酒造店は、明治十六年頃智恵子の祖父治助によって創業し「花霞」という銘酒を醸造した。父今朝吉の代になるとさらに繁盛し安達郡一の酒造店になった。

屋号を「米屋《こめや》」といい、五六〇坪の敷地に広い庭と旧奥州街道に面して間口一二間の店舗と一九の部屋数を持った二階建の建物があった。敷地内には七棟の酒倉もあった。

大正六年に父今朝吉が亡くなると、家業の酒造業も不振となり昭和四年に没落し、長沼家の家・屋敷は債権者に競売されてしまった。

平成二年安達町がそれを買い戻し、敷地の面積は大幅に減らしたものの、以下のとおり見事に復旧を果したものである。

表通り側から見ると一階、二階の窓には連子《れんじ》と呼ぶ細かい目の格子が取り付けられている。二階の軒下には大きく「花霞」と書いた屋根看板が置かれ、その隣りに杉の葉を鞠の形に束ねた「酒林《さかばやし》」が軒先から突き出ている。

「米屋」と書かれたガラスの玄関戸を開けると「三和土《たたき》」と呼ぶ土間が裏口まで通じ、入口右手に五畳ほどの帳場がある。

帳場の奥は、奥座敷、客間と連なり、奥座敷の西側は茶の間と板敷の台所となっている。家族の団欒《だんらん》の場所となった茶の間には、智恵子が使ったという機織機が置かれている。台所の向い側はしろしき（広敷）といい、杜氏や男衆の溜り場で、囲炉裏《いろり》がある。しろしきの側の階段を上ると杜氏部屋や酒男部屋がある。

智恵子の居室は、二階の道路側に面した四畳半とその隣りの九畳の部屋であったといわれる。復元された智恵子の生家の敷地内には「智恵子記念館」がある。中には智恵子の作った数百点の紙絵と智恵子の絵画の作品は太平洋戦争の戦禍で殆んどが焼失してしまったが、唯一残った三点の油絵「花」、「樟の木」、「静物」が展示されている。

智恵子の生家の裏山の鞍石山には「樹下の二人」の記念碑がある。この中の一節に、

あれが阿多多羅山、
あの光るのが阿武隈川。
ここはあなたの生れたふるさと、
あの小さな白壁の点点があなたのうちの酒庫《さかぐら》。

と感動を込めて智恵子の生家の様子を詠んでいる。この詩は大正九年智恵子の父の三回忌の折、長沼家の菩提寺満福寺への墓参の途中鞍石山からの眺望を詠ったものである。

上川崎和紙

日本における紙漉《す》きの始祖は聖徳太子とされる。推古天皇十八年（六一〇）高麗から僧曇徴《どんちょう》が来朝し紙漉きの業《わざ》を伝えた。しかしこの紙は、黒味を帯び質が悪かったので、聖徳太子が改良を加え純白の紙を製作した。この後太子は楮《こうぞ》を各地に植えさせ、製紙の技術を広く国内にゆきわたらせたという。

上川崎に紙漉きが伝わったのは、『上川崎郷土誌』によると、「六三代御冷泉天皇の御代康平年中（一〇五八〜一〇六五）」で、「上川崎村川之端、栗木舟渡場のあたりで紙漉くことを始め、それより伝習するものも加わり、上川崎ばかりでなく、下川崎、沼袋の村まで普及した。後に至って上川崎塩ノ田に磐前舎人《いわさきとねり》という人が来て従来の製法に若干の改良を加えた」と書いている。

上川崎村は、阿武隈山系を東に、安達太良連峰を西に見て、阿武隈川に面し、五〇メートル内外の低丘陵が連続して起伏していて、平坦地に乏しいため、古くから紙漉きと養蚕により生計をたててきた。

徳川時代に入り、丹羽氏二本松藩では、領内の各村に川崎紙を「二本松藩地障子」として生産を奨励した。規格を縦八寸三分（約二五センチメートル）、横一尺八寸（約五五センチメートル）、一帖二四枚、一締五〇帖と決めていた（規格は各藩で異なり、会津藩九寸五分、磐城藩九寸三分、福島藩一尺となっていた）。

二本松藩領の紙漉きに紙子《かみこ》と紙布《しふ》があった。紙子とは和紙で作った着物のことで、楮で漉いた和紙をよくもんで、薄いコンニャク糊と柿渋を塗り乾かして作る。「カミキヌ」ともいった。紙布は絹を縦糸に、和紙のこよりを横糸にして織った織物で、羽織や仕事着に用いられ、水で洗うこともできた。

明治に入ると和紙の種類も増え、大半紙・中半紙・ちり紙・延紙・小料紙・傘紙・提灯紙・

和紙伝承館全景

筋紙・漉返紙・藤紙・障子紙・蚕卵紙など二〇種類もあったが、安達郡では地障子紙と蚕種台紙を中心に製紙を伸ばした。

上川崎和紙の生産状況は、上川崎村の和紙製造戸数の変化で見ることができる。

大正に入り、第一次世界大戦がもたらした好景気は和紙製造にも及び、上川崎村の和紙製造戸数二七二戸、生産額も一五七七〇〇円に上った。昭和初頭の世界恐慌などにより日本経済は深刻な不景気に陥ったが、上川崎和紙は土地台帳の改正、戸籍簿の更新、和傘の需要増加により、昭和十年頃から持ち直し、昭和十五年には、和紙製造戸数も二三九戸を維持することができた。第二次世界大戦後は、福島県が楮生産が東北一であることとの強味と和紙生産の七割が障子紙であることで戦後の建築ブームに乗り、昭和三十年には和紙製造戸数は二八八戸に増加する。

しかしこの時期を境にして、機械により莫大な枚数を同じ品質で生産できる洋紙の進出により、和紙の需要が急速に減少し、上川崎和紙の製造戸数も、昭和三十五年に一〇五戸、四十七年に五七戸、五十年に一六戸と急減し、現在では安達町で手漉和紙を製造するものはいなくなってしまった。

カズヒキの実演風景

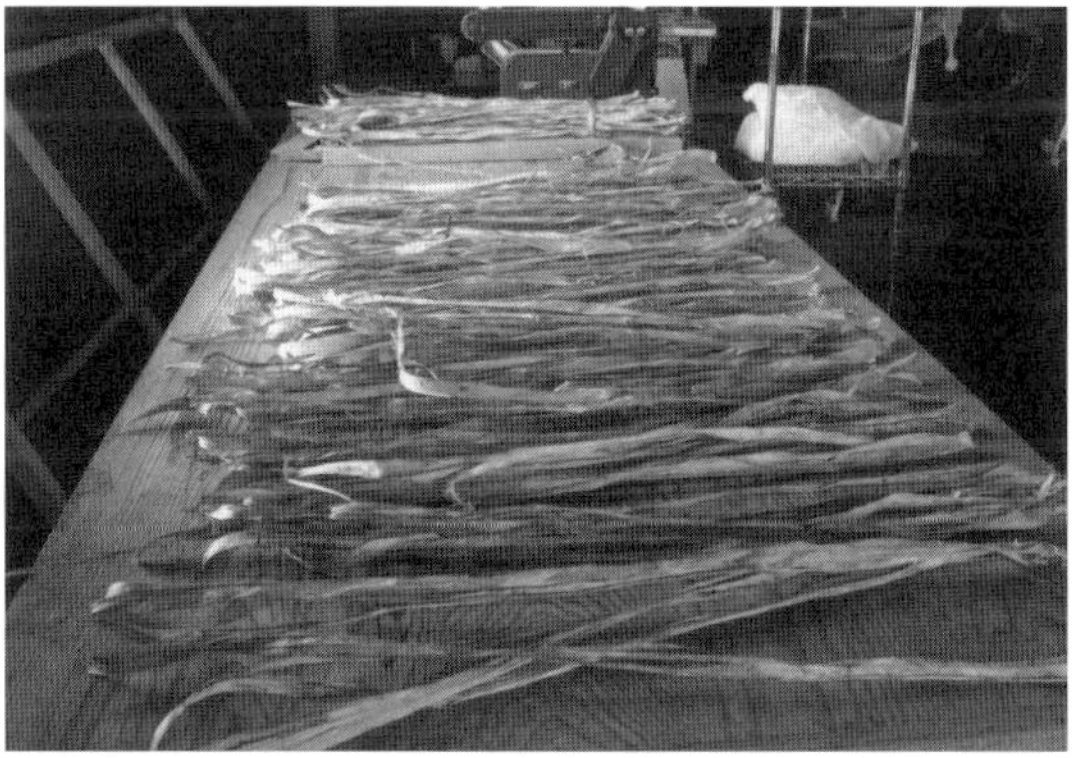

白楮

そのため安達町は、道の駅「安達」内に和紙伝承館を建設し、手漉和紙の伝承と保存に取り組んでいる。伝承館では、手漉和紙の実演を見ることができるが、紙漉きの工程を略記する。

上川崎では楮をコウズまたはカズと呼

ぶ。まず楮の木を七〇センチメートル位に切り、束ねて釜で蒸し、皮を剝《は》ぎ取る（「カズヒキ」と呼ぶ）。これを一日位水に浸した後、カズヒキ鉋丁で粗皮（外）をそぎ落す（「カツヒキ」という）。カズヒキした白皮を一旦、乾燥させた後一晩水に浸し（「カズヒタシ」）白皮についた不純物を水ゆすぎをして取り去る。その白皮を鉄釜に入れ、水とソーダ灰を加えて三時間ほど煮る（「カズニ」）。煮あげた楮皮を再び水に浸してアクを抜き、スジといわれる茶褐色の繊維を取り除く（「カズダシ」）。カズダシの終った白楮《しろこうぞ》を厚い打板にのせ棒でよく叩く（「カズブチ」という。昭和初年頃から打盤機で行った）。漉き舟（漉槽）に水を張り、カズブチして餅状になった紙料とトロロアオイを入れ、マグワを使いよく掻き混ぜ、紙料を漉き簀《す》ですくい上げる（「カミスキ」）。漉き上げた生紙から圧搾器で水分を取り、紙乾板《かみつけいた》に貼って乾燥する（「カミツケ」）。乾し上がった生紙を、それぞれの判板をあて包丁で切断する。

二本松市（旧安達郡東和町）

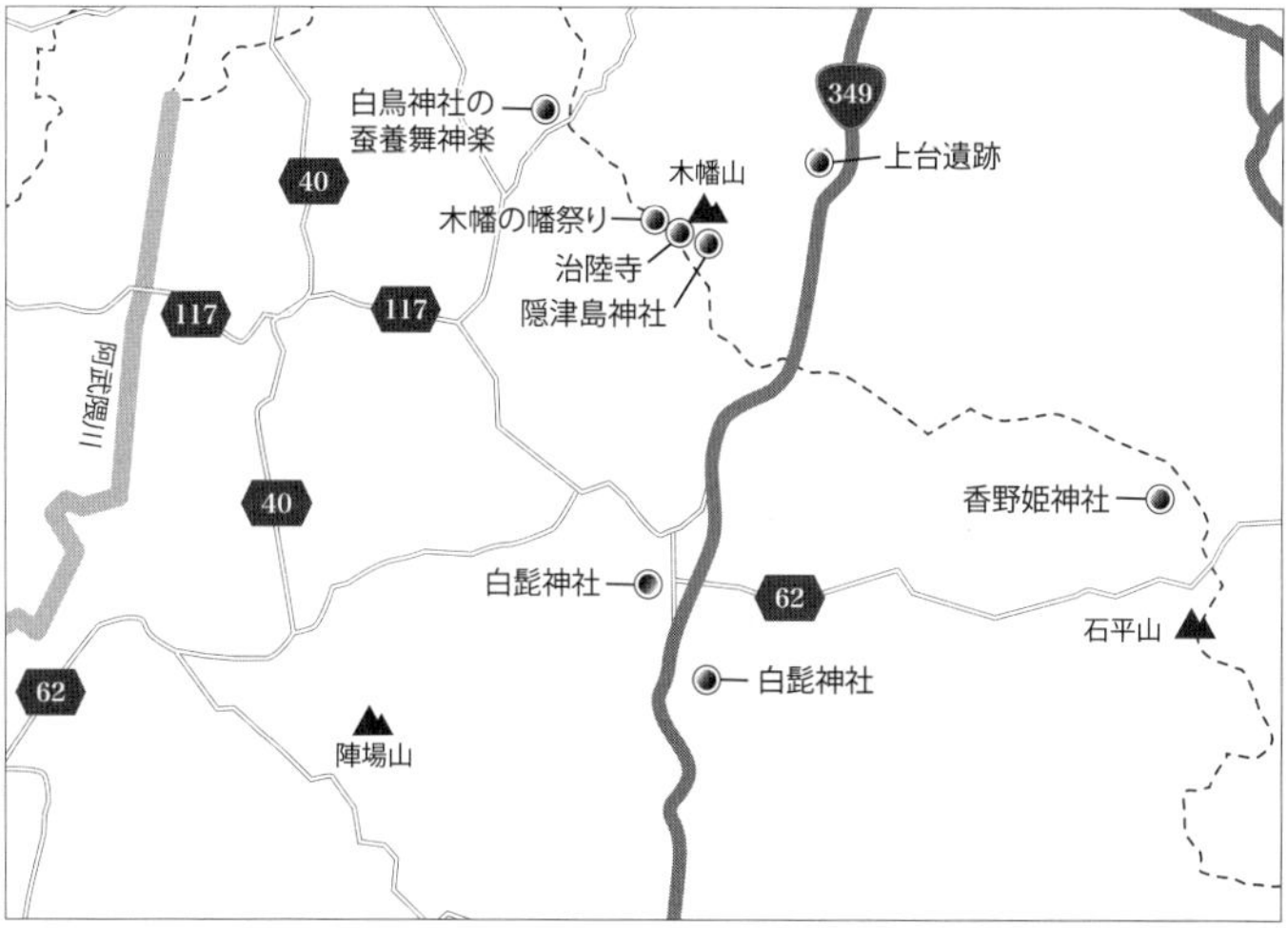

阿武隈高地の縄文集落 ― 上台《かみだい》遺跡

東和町針道の上台遺跡は、口太山麓の西に延びた標高三八〇メートル前後の舌状台地にある。ここは地元で古い集落があったと噂されていた所で、昭和五十九年に福島大学考古学研究会が発掘調査を行った。さらに国道三四九号線の国道改良工事に当って昭和六十三年から平成元年にかけ、東和町教育委員会が調査を行った。

その結果、縄文中期以降の住居跡一三軒と大型貯蔵庫とみられる上坑六基、土偶、打製石器、磨製石斧、石槍、石鏃が検出した。

住居は五本の支柱を持つ、直径五~七メートルの円形状の竪穴住居で複式炉を持っていた。

複式炉は、土器埋設部と敷石石組部と焚口部で構成されるものと、埋設土器がなく石組部と焚口部だけの二種類が出土し、複式炉の進化の過程が窺われる。

上台遺跡住居跡の複式炉（『東和町史』）

このほか東和町の縄文時代の遺跡には口太山の夏無沼のほとりの夏無沼遺跡、戸沢地区の下田、平、細田、石田、足尾山遺跡があり、縄文土器（注口土器、小型土器）、石錐、石槍、石鏃、打製石斧が出土している。

上台遺跡の住居跡（『東和町史』）

特異なものは、夏無沼遺跡から発見された土器で、縄目でなく、海の貝のギザギザを押し付けた文様の土器があり海辺に住む人々との交流があったものと考えられる。

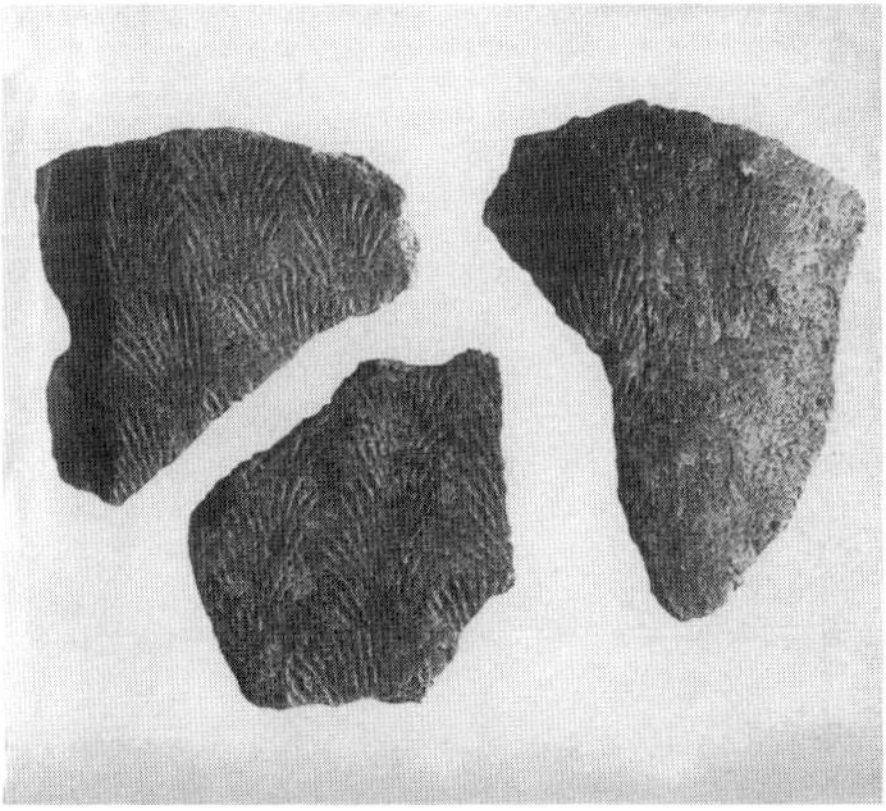

夏無沼遺跡の貝殻条痕文土器（『東和町史』）

いずれにしても、阿武隈高地には、鹿、猪、熊、兎などの動物や食用の木の実、若草が豊富で縄文人にとって生活し易い環境であったことが想像される。

隠津島《おきつしま》神社と木幡山治陸寺

木幡山は阿武隈山地の北辺に近く、安達郡東和町に属する標高六六一メートルの円錐形の山で、山中は樹齢一〇〇年から三〇〇年を超す杉や松が生い繁り、山上には大小の奇石怪石が露出し、神の籠《こも》る磐座《いわくら》の印象を与える。

車で国道三四九号線から林道木幡線に入り一〇分ほど進むと手水舎のある駐車場に着く。石の階段を二〇〇段ほど上ると国指定天然記念物の「木幡の大杉」の聳える平地に出る。その奥に門神社がある。門神社は二本松藩主丹羽長次が、貞享三年（一六八六）本宮再建に際して旧社殿をこの場所に移したもので、内部は格天井が組まれ花鳥が描かれ、円柱は漆箔が施され旧堂の壮麗さを残している。裏壁に据付けの三区の仏壇があり、田心姫《たごころひめ》など宗像三神を安置した遺構とみられる。

さらに石段を上ると三重塔に着く。三重塔は、寛永二十年（一六四三）二本松藩主初代丹羽

隠津島神社社殿

光重が領内初巡視の時その惨状を見て復興を命じ、延宝元年（一六七三）に竣工したのが現在の三重塔である。

総高二〇メートルの三間三重塔で、正面は板唐戸《からど》、脇間は連子窓で、二、三層も初層にならって復元された。

三重塔から医薬神社を左に見て石段を上ると隠津島神社本殿に着く。

伝承によれば、隠津島神社は神護景雲三年（七六九）安積大国造《おおくにのみやつこ》文部直継足《はせべあたいつぐたり》が宗像三神である隠津島姫命《おきつしまひめのみこと》、田心姫命、湍津姫《みずつひめ》命を祀り創建したといわれる。『延喜式神名帳』には安積三座の一つに記されている。

木幡山三重塔

大同年間（八〇六～八一〇）には平城《へいぜい》天皇の勅願によって弁天堂が建てられ、神仏混淆の社となり、隠津島神社弁財天と称した。

天正十三年（一五八五）伊達政宗の兵火によって焼かれ、多宝塔初層と弁財天

弁財天（『東和町史』）

像を残し全山焼失してしまった。その時の様子を『木幡山縁起』は「天女の尊容一基の宝塔をのこす」と書いている。天女の尊容といわれた弁財天は室町中期の作で、高さ一尺一寸五分（約三三センチメートル）の彩色の美しい像で、永禄三年（一五六〇）二本松鈴石寺の僧秀坦が彩色したが、兵火を受け再び色を塗り直したといわれる。

隠津島神社は二本松藩主丹羽長貴によって再建され、拝殿は寛政六年（一七九四）、本殿は寛政十二年に完成し、遷宮式が行われた。

拝殿は桁行七間、梁間三間、中央柱間が広い。二重垂《たるき》の円柱、中備に蟇股《かえるまた》を飾り、柱間に蔀《しきみ》戸《ど》を下ろし、中央間に格子状唐戸を立てる。木鼻は獅子象鼻である。屋根の中央に千鳥破風を据え、唐破風の向拝一間があり、巧みな彫刻で飾られている。

本殿は、桁行三間、梁間二間の大きな流造りで、向拝を支える角柱状の組物や虹梁に精巧な彫刻が施されている。内部内陣は折上げ組格天井で奥に造り付の宮殿がある。拝殿も本殿も総欅材、素木造りで、建物の要所に二本松藩主丹羽氏の定紋が施されている。

隠津島神社は、明治に入ると神仏分離令によって一時厳島神社と称したが、明治三十五年に再び隠津島神社と改称し現在に至っている。

治陸寺は、『文政三年木幡山治陸寺略縁起』によると「比叡山延暦寺天台宗座主慈覚大師（円仁）が平城天皇の大同年間（八〇六〜八一〇）に紫雲山興隆寺を創建した。永承六年（一〇五一）安倍頼時が反乱を起した時、源頼義・義家父子が木幡山神社に賊の退治を祈願したところ満山の木が源氏の白旗と化し、安倍貞任らをことごとく退散させてしまった。これが陸奥平定の原因であると朝廷に奏したところ、後冷泉天皇の勅命により、山の木が旗を出現させた霊験により、木幡山の山号と陸奥国を静謐《せいひつ》に治めたので治陸寺の寺号を賜った」と書いている。この時、山寺号とともに天皇宸筆の「木幡山治陸寺」の掲額も賜与された。元慶五年（八八一）には治陸寺は天台別院となり、東北の天台宗布教の拠点となった。

この頃の治陸寺の寺域は、隠津島神社に接する金剛院跡（現社務所辺り）付近から門神社の削平地にかけてであり、ここに古期の興隆寺本坊があったと推定されている。この付近からおびただしい量の土師器、須恵器片が出土し、門神社の前には元亨銘の板碑もある。

昭和五十六年の調査で、蔵王の大杉と呼ばれる古株周辺から蔵王堂跡とみられる、桁行五間、梁間三間の礎石が発見された。また大杉の直後に権現石という立石があり、石の根元からも古い土器片に交じって仏供椀や古銭が出土した。蔵王堂跡の東に続く馬背《うまのせ》状の尾根に六基の経塚があるが、これは吉野大峯の金峯山蔵王堂と同じ構図で、治陸寺は隠津島神社の別当僧院であるほか、修験道と結んだ天台修験の一大道場として存在したと思われる。

阿弥陀如来座像（治陸寺蔵）

こうして三世紀にわたり繁栄した木幡山も建武二年（一三三五）の「中先代の乱」（鎌倉幕府の復活を目指した北条時行の反乱）が起ると、木幡山衆徒は北条時行側に加担して参戦し（「木幡山合戦」と呼ばれる）、破れて木幡山山中の堂塔はすべて焼失してしまった。その後治陸寺は木幡山の山麓に復興するが、天正十三年（一五八五）伊達政宗の軍に焼き払われてしまった。

延宝元年（一六七三）二本松藩主丹羽光重が同じ場所に復興し、大般若経六百巻と銅鐘を寄進した。その子丹羽長次は、元禄元年（一六八八）この鳥居下に学頭護摩堂を建立し、堂内に十二天王の懸軸を奉納した。

明治五年（一八七二）神仏分離令により、神仏混淆の修験道は廃止され、治陸寺は廃寺となった。しかし寺元の治家集落の強い要望により大正六年（一九一七）十二坊の一つであった松本坊に治陸寺が復活した。

治陸寺には、県重要文化財の木造阿弥陀如来座像と境内の千手観音堂には、千手観音像と隠津島神社の弁財天座像が安置されている。

小手森《おでのもり》城跡

針道川に沿って国道三四九号線を川俣町から車で走ると、進行方向の左側に、形の良い突兀《とっこつ》とした山が目に入る。現在は愛宕森と呼ばれているもので、標高四六三メートル、比高一〇〇メートルほどの山である。ここに小手森城があった。

『積達館基考』によると四本松《しほのまつ》城主石橋氏が家臣の菊池氏に命じて城を築かせ、城代を置いたという。石橋氏が家臣の離反により没落すると大内義綱のものとなり、自身は小浜の宮森城に住み、小手森城は抱の城（支城）として城番を置いて守らせた。当時伊達氏の侵攻に備えたもので飯野口に築館《つきだて》（鍛治山城）・樵館《きこりだて》（樵山城）があり、川俣口にこの小手森城があった。

小手森城の本丸は、山頂の愛宕神社が祀られている辺りにあった。本丸は内郭で囲まれ、その北東に一段低い曲輪があり、また西の低い削平地に「二の構《かまえ》」と呼ぶ曲輪があった。内郭と二の構は二重の竹矢来で囲まれていたといわれる。虎口（大手口）は北西にあったと推定されている。町家が付近に見あたらないことから専ら戦略的城館として築城されたとみられる。

天正十三年（一五八五）八月二十四日伊達政宗と田村清顕率いる二千余の軍勢は、川俣で落ち合い、城近くに布陣する二階堂・畠山・葦名氏の連合軍と大内定綱が守る小手森城に雲霞のごとく押し寄せ、双方鉄砲を激しく打ち合い戦ったがこの日は勝負がつかず、伊達勢は五里ほど引き上げ野営した。

小手森城跡

二十五日・二十六日と伊達勢は連日攻撃を仕かけたが、城兵は応戦しなかった。

二十七日未明政宗は全軍総攻撃を指令し、城を囲むと、城方から「城を明け渡して、小浜に退《しりぞ》きたい」と降参の申し出があったが、政宗は許さず、城を攻め火を放つと折柄の強風に煽《あお》られ、火は小手森城に燃え移ったので城兵は降参し、小手森城は落城した。「小手森合戦」と呼ばれるもので、政宗は城に籠っていた将兵とその家族八〇〇人と牛馬、犬など息のするものすべてを「撫《な》で斬り」にしたので、後世にまで悪名を残した。翌十四年塩松地方を支配した政宗は小手森城を百目木《どうめき》城主石川弾正に与えたが、同十六年に石川弾正はこの城で政宗に滅ぼされた。

白髭神社と香野姫《かやひめ》神社

奥州西街道（相馬街道）は別に「塩の道」とも呼ばれ、享保八年（一七二四）二本松・相馬両藩が阿武隈山中に開いた約一八里の道で、相馬中村を発すると八木沢峠を通って二本松藩領の山木屋に入り上戸沢・白髭・小浜・二本松に至る。上戸沢の熊野谷《くまのがい》に水源を持つ安達広瀬川がこの街道と並行するように流れ下って阿武隈川に入る。香野姫神社は山木屋に近い上流の美女木の山中に、白髭神社は下流の白髭宿のすぐ後ろの山中に鎮座する。

『続日本後期』の承和十三年（八四七）の記述に「安達郡百姓外少初位下《げのしょうはついげ》狛造子押麻呂《こまのみやつこおしまろ》の戸一烟が姓を改めて安達連《あだちのむらじ》（連は村長に同じ）となった」と書いている。この頃まだ安達郡は置かれていないが（延喜六年＝九〇六建置）、狛造一族が中心となり針道を中心とする東安達地方の開発を行い、その功績により安達の姓を賜わったものと思われる。狛の字は古くは高麗《こま》の字が当てられ、古代朝鮮の高句麗国から帰化した人の姓氏である。七世紀の中頃、新羅《しらぎ》と唐の連合軍に滅ぼされた百済や高句麗の人々が逃れて日本に至り、日本各地に散らばっていった。特に関東地方が多く、霊亀二年（七一六）武蔵国に高麗郡が設置されている。この高麗郡は、現在の埼玉県入間《いるま》地方で、高麗川も流れ高麗村（現在の入間郡日高町）もあった。日高町新堀には高麗王若光《じゃくこう》を祭神とする高麗神社がある（もと白髭明神といわれ高麗郡の範囲だけでも二九社ある）。若光は高麗王の姓を賜わりこの地方の開発に尽し、晩年髭と髪が真っ白になってしまい死後氏神として祀られ、白髭明神として崇まれたという。『万葉集』

白髭神社

（六〜八世紀までの歌四五〇〇首を集めた）に「信濃道《しなのぢ》は今の墾《は》り道刈《か》りばねに足踏ましなむ沓はけ我が背（巻十四　三三九九）」というのがあるが、人々がある地方を開発するにはまずそこに通ずる道を造らなければならない。それが墾道《はりみち》であり、東和町の針道はそうした道であったと思われる。

狛造子押麻呂は、一族の多数の家族とともに東安達の戸沢や針道に移住し、習熟した農耕技術を使い、この地の農蚕業の発展に尽力したため、その賜姓に預ったものかも知れない。東和町には戸沢字根木内と上太田に白髭神社（上の白髭明神を上社、下を中社と呼んだ）があり、祭神は猿田彦命だが高麗郡から白髭神社の分霊を勧請する際、猿田彦（大国主の国譲の時天照大神の道案内を勤めた）にしたものと思われる。

上戸沢の熊野谷の山中に香野姫神社がある。祭神は香野姫といわれ、伝承によれば「何時の頃か香野姫様という女の人が夫を訪ねてここまで来ると、病気のため川の辺《ほとり》で倒れてしまい、村人が手当をして助けた。姫は蚕を飼い、絹を織るのが上手だったので、永くこの村に住んで村人に養蚕と機織りを教えた。村人は死後その恩に報いるため、神様として祀った」といわれる（姫は藤原実方の奥方であるとする伝承もある）。

祭神の香野姫は、地元では「からひめ様」とも呼ばれており、韓《から》は朝鮮を指す古語で、香野姫は韓から渡来して養蚕や織物の技を教えた女性と思われ、川俣地方に伝わる小

香野姫神社

手姫伝説の原型をなす古伝とも考えられる。

東安達地方は、こうした帰化人たちの尽力により早くから農林業、特に養蚕が盛んであったが、江戸時代に入ると奥州西街道（塩の道）が開かれ、この道を通って相馬産の塩や魚ばかりでなく、松前船により相馬港に水揚げされたにしん、さけ、塩ます、こんぶ、するめなどの海産物の中継路として発展した。

天明元年（一七八一）には参勤交代で相馬藩主相馬恕胤《もろたね》の行列もこの道を通って江戸に向った。

白鳥神社の蚕養舞神楽

国道三九一号線を川俣から東和に向う途中の田ノ入の集落の奥に白鳥神社がある。

白鳥神社は、陽成天皇の元慶二年（八七八）頃にこの地の城主が築城の際、日本武尊命を勧請して白鳥神社を創建したといわれる。その後享保十八年（一七三三）に社殿を再築し、外木幡村上組の鎮守となった。

白鳥神社の神楽は、外木幡村の津島神社が出雲流太々神楽を取り入れ、神楽を始めた時白鳥神社も神楽殿を建立し、高槻、木舟、問屋地区の有志が、津島神社の楽人の指導を受けて始まったといわれる。

　神楽の演目は、清め祓・天地開闢・国土造成・岩戸開・大延・八俣蛇・大国主御狩漁・天孫降臨・天狗舞・諏訪鹿島・蘇民将来など三七座がある。四月二十二日の白鳥神社の祭礼の日にこの中から一〇座を選んで演ずるという。

　拍子曲目はカカリ・乱曲・神楽・クヅシ・雨ダレ・七ツエ・明歌・岡崎・鎌倉・ゴジンハヤシ・大延の一一曲で、いずれ小松流の美しい旋律を持っている。

養蚕神楽舞（『東和町史』）

白鳥神社神楽殿

神楽の演目の中に、ほかの太々神楽に見られない珍らしい演目がある。蚕養舞である。この演目は、養蚕地帯を背景に、明治四十一年頃に創作されたようで、拍子曲目の説明に「カカリにて稚産霊神《わかむすびのかみ》神前に座す。天照大神蚕種を捧げ、天鈿命《あめのうずめのみこと》オカザキ拍子に稟座を持って四方を巡り、蚕を撫で天鳥舟命《あめのとりふねのみこと》桑を摘みてブシを折り繭をとり上げて蚕神に納め、蚕神これをつめてカカリにて入る」と蚕養舞の所作を記している。その後この舞の前後に恵比須神がハカリで繭を測り、算盤をはじいて繭値を交渉して買い受ける様子が加えられ、拍子に合せて軽妙に舞われる。

日本三大旗祭り ― 木幡の幡祭り

幡祭りは、木幡山の中腹に鎮座する隠津島神社と同じ山中にある羽山神社の祭礼に行われる。木幡山のような高い山には、山の神が棲み、春になると里に降りて来て稲作を見守り、秋には収穫を見届け、また山に帰ると信じられ、当年の豊作を感謝し、翌年の豊作を祈るのが羽山信仰である。羽山神を祀る羽山神社の小祠は、隠津島神社東方の山中の巨石の前にある。祭りでは、羽山神社の前で、若者が一人前の大人になる「権立《ごんだち》よばり」という儀式が行われる。

隠津島神社は、「木幡の弁天様」として信仰を集めてきたが、コハタは蚕機《こはた》の意味を持ち、また弁財天の脇侍に蚕養童子もいることから古くから養蚕の神様としても崇まれてきた。

幡祭りの旗は、養蚕がよくでき、またよい絹が取れることを願って奉納されるのである。

幡祭りの由来は、「前九年の役天喜三年（一〇五五）天皇の命を受け、奥州征伐に来た源頼義・義家は、安倍氏との戦いに敗れ、わずか数騎となって木幡山に逃れ来て、隠津島神社に戦勝を祈願した。安倍頼時は貞任・宗任ほか多くの軍勢を従え木幡山にせまっていたが、前夜から降った雪が木幡山の杉木立に積って源氏の白旗に見え、安倍勢はこんな大勢の軍勢では勝ち目がないと戦わずして引き返していった。木幡山下の郷民は木幡山の加護と深く信じ幡祭りを行った」という伝承による。

幡祭りは古くは旧暦十一月十八日に行われていたが、現在は十二月の第一日曜日に行われる。

祭礼の前日になると、堂社と呼ばれる各集落では、婦人たちが集まり、旗縫いが行われる。その後旗は五反の反物を縫い合せて作る五反旗で、縫い上がると男たちが大竹に縛り付ける。その後旗を持って氏神に参拝する「小宮参り」を行い、決められた幡置場に納めて置く。

祭礼日の朝午前九時になると、白装束に烏帽子鉢巻き姿の担き手（現在は服装は自由）が幡置場から大旗を担ぎ出して木幡小学校の校庭に集合する。神官から修祓《しゅうばつ》を受けた後、先達旗（白の五反旗）を

木幡の幡祭り

先頭に梵天持ち・法螺貝吹き（桐材で作った笛）・権立（白衣又は木綿衣にタスキをかけ藁で編んだ袈裟をかけ腰に木刀をさしぞうりをはく）・駒形持ち・色旗持ち・御供餅持ちの順に出発する。途中御供餅や駒形を見物人に蒔きながら一の鳥居を過ぎると大体止となる（一行はここで昼食をとる）。一行はここから林道桜畑・木幡山線を通って隠津島神社へと向う。

隠津島神社の手水舎のある広場に着くと、幡持ちたちは権立・梵天持ちの一行と分れ、一〇〇〇段もある石段を上り、隠津島神社の拝殿前に進み、拝殿に幡を奉納（拝殿に立てかける）して各集落毎に到着の拝礼を行う。一方権立の一行は、さらに一〇〇メートルほど進んで羽山参道の尾根を登り、羽山神社を目途す。やがて前方に胎内くぐりの大岩があり、それをくぐり抜けると、岩上に先達が待ち受け、権立問答を行う。終ると神社手前の乳屋で食い初めを行い、羽山神社前に進み参拝して梵天を奉納する。裏山の山道を進んで隠津島神社に出て幡持ちの一行と合流する。

最後に神官の祝詞奏上と祭礼世話役の挨拶で幡祭りは終りとなる。

二本松市（旧安達郡岩代町）

阿武隈山中の縄文遺跡 ― 高稲葉遺跡

高稲葉遺跡は、阿武隈高地から南西に突き出した海抜四七五メートルの狭い舌状台地にあり、付近の低地との比高は約二〇メートルほどで、南東の麓部には湧水も見える。

ここから縄文時代中期の複式炉を持つ住居跡や縄文土器、磨石、石皿などが発見された。

住居は台地の南東辺に構築され、長径約四・四六メートル、短径四・三六メートルのほぼ円形の竪穴住居である。住居面積は一五・六平方メートルで柱穴が一〇か所ほど検出された。炉は住居の中央に位置し、最大長一・二二五メートル、最大幅〇・八四メートル、炉面積〇・七三平方メートルのだるま形であった。土器埋設部と敷石石組部からなる複式炉で、埋設された土器は、口径三〇・八センチメートル、器高二九・四センチメートルの深鉢土器であった。

住居西壁付近から祭壇用と思われる長さ五三・三センチメートルの大型の立石（石棒）が発見され、自然への畏怖と恵みに対して祈りを捧げていた祭具と思われる。

発掘調査した範囲は、大変狭いことから現時点ではこの一軒以外住居跡は発見されていないが、この当時一〇から一五棟ほどが集落をなして居住しているのが普通なので、台地の縁辺など付近から今後住居跡が発見される可能性がある。

東和町の高稲葉遺跡と同時期の遺跡に、西新殿の宮の下遺跡、東新殿の野田遺跡、上長折の荒屋敷遺跡、百目木の高根山遺跡がある。

高稲葉遺跡の全景（『東和町史』）

住居内の複式炉（『東和町史』）

炉内の縄文土器（『東和町史』）

四本松城跡と住吉城跡

岩代町上長折字古舘の四本松城跡は、ＪＲ二本松駅の東方約一〇キロメートルの阿武隈山地西麓にある。一帯は標高三〇〇メートルから三五〇メートルの起伏に富む山地で、城地は西から東に張り出した丘陵の突端部を利用して築城している。本丸は頂上の平坦部にあり、ほぼ三角形をなし、稜線が東・西・北に三本延びている。東尾根は本丸から二〇〇メートルの位置に堀切があり、その先端は「東壇の山」と呼ばれ、物見櫓が置かれていたという。西尾根は二〇〇メートルの位置に西堀切、北尾根には一〇〇メートルの位置に北堀切があり出城があった。三角形を呈する本丸頂上から見て、北東と北西は比高一〇〇メートルほどの急崖で口太川に落ち込んでいる。南面のみが緩傾斜で、帯郭もあり、大手口や侍屋敷、町屋もこの方向に開けていた。

山頂の本丸跡は、昭和四十六年発掘調査が行われ、本丸の北隅から焼けた一棟の尾形跡が検

四本松城跡本丸跡と四本松神社

住吉城跡

出された。四間と三間の礎石跡が残され周辺から多量の土師器が出土した。

四本松城は、作者不詳の『四本松伝記』によると、後三年の役で、源義家の将として功績のあった伴助兼が、東安達三三郷を領有して城を築き、治暦元年（一〇六五）に生国の摂津国（大阪府）から住吉四社を勧請するとともに、松の小苗四本を持参し城内に植えたといわれる。四本松の名の起りである。

文治五年（一一八九）源頼朝の奥州藤原氏征伐に際し、信夫郡の戦いで、四本松城主伴武知が討死したため、田原秀行が受け継いだ。

その後、建武年間（一三三四〜一三三六）には石堂義房、正平年間（一三四六〜一三七〇）には吉良貞家、元中年間（一三八一〜一三九二）には宇都宮氏広が居城したが、貞和二年（一三四六）吉良氏の一族石橋棟義が四本松城を復旧し、塩松氏の始祖となった。棟義—満博—祐義—房義と応永七年（一四〇〇）から天明三年（一四七一）までの間在城し、五代義衡の時上太田に住吉城を築き、本拠を移した。義衡から八代久義まで在城したが、再び四本松城に移った。しかし義久は、天正八年（一五八〇）家臣の大内定綱に滅され、四本松城も住吉城も廃城となった。

石橋義衡が築いた住吉城は、上太田の標高三五〇メートル（比高八〇メートル）の丘陵上にある山城で、西方に川と山を挟んで四本松城と向い合っている。

住吉山城は、四本松城とも別称され、西方の四本松城を古館と称した。頂上に削平された二、三段の平地があり、最高所の、現在二十三夜塔のある辺りが本丸跡とみられる。本丸を囲んで細長い曲輪があり、南の山の中腹に住吉神社が祀られている。西下には薬師堂、東に鐘楼があり、薬師堂の境内から麓まで堀の跡が見られる。

小浜城跡と宮森城跡

『小浜町郷土読本』に「大内氏は若狭国小浜（福井県小浜市）に居住し、大内晴継の代応永年間（一三九四〜一四二八）石橋氏の臣となり、その子宗政は塩松城主石橋義衡に仕えて当地を領有し、一城を築くが、その地形が本国の小浜に似ていることから小浜城と名づけ、以後武政、顕祐、定治を経て定綱に至った」と書いている。

永禄年間（一五五八〜一五七〇）大内定綱は石橋氏四天王の一人の宮森城主大河内修理を讒言《ざんげん》を以て滅し、主家の塩松城主石橋尚義をも追放し、塩松（東安達）地方を領有した。定綱は弱い国人領主であったため、大名領主である伊達、葦名に交互に身を寄せ家の安泰を図ったが、天正十三年（一五八五）伊達政宗に背いて葦名氏に属したので、伊達氏の攻撃を受け敗走した。

小浜城跡

政宗は小浜城に入城し下館と称し、父輝家を宮森城に住まわせ上館と称した。政宗は畠山氏の二本松城を包囲するため、この城に一年ほど滞在したといわれる。

安達郡は、天正十九年（一五九一）の豊臣秀吉の奥州再仕置により蒲生領となり、次いで上杉氏、加藤氏と続き、小浜城には城代を置いていたが、寛永二十年（一六四三）二本松城主丹羽氏の支配下に入ると、丹羽氏は城代を廃し代官制に改めたため、城は廃城となった。

小浜城は、丘陵の尾根先を利用して築城されたもので、四面が丘陵で囲まれ、起伏重畳の山は高くないが、谷が深

小浜城復元図

く攻撃には容易でない地形となっている。この地はまた、東方に浪江街道、南方に三春街道、西方に二本松街道、北方に川俣街道が通る交通の要衝であった。

城は殿原と呼ぶ丘陵上に築かれ、北、東、西に尾根が続くので堀切で切断し、独立丘として使われた。西には堀切を隔てて二の郭、東には二〇〇メートルを離れて西京館と呼ぶ三の郭があった。現在本丸下には蒲生氏が築いた石垣が残され、堀切、土塁などとともに多くの曲輪も見られ、戦国時代末期の東北地方屈指の大城郭であったとされる。

昭和五十六年に本丸跡を発掘調査したところ、七棟の掘立建物跡が発見された。

その一つは、桁行一八・五メートル、奥行九・三メートルの床付建物で、西方に正方形の付属家が付く本格的建物であった。天正十三年（一五八五）米沢に帰るまでほぼ一年居住した政宗の本丸御殿跡と推定されている。

宮森城は、小浜城の南約二・一キロメートルに位置し、北に突き出た尾根上に築城された。城下には三春街道が通り、本宮街道との分岐点でもある。

宮森城跡

宮森城は明徳元年（一三九〇＝元中七年）四本松城にいた奥州探題宇都宮氏広が慈現明神とともにこの地に移り、それまで長折字古館にあった四本松城の名を取って四本松城とした。応永七年（一四〇〇）宇都宮氏に代った石橋棟義が城地としたが、永禄年間石橋氏四天王の一人大河内修理《しゅり》が城を改築して住み、宮森城といった。

　大内定綱は大河内修理を讒言によって滅ぼし主家石橋氏をも滅ぼし、この地方を領有した。

　天正十三年（一五八五）伊達政宗が塩松地方に進出し、定綱の支城である小手森城を「皆殺し」にして落城させると、定綱は小浜・宮森城を放棄して逃げ去った。そしてその年政宗が小浜城に、輝宗が宮森城に入ったのである。「栗の巣の変」は、宮森城主伊達輝宗が、この城で二本松城主畠山義継によって捕われ拉致《らち》されようとして起ったものである。

宮森城は以後小浜城と運命をともにし廃城となる。

城は麓から四〇間（約七三メートル）の山頂にあり、東・西・北は急崖で、南は峡谷によって区画され、大手口が開かれていた。

本丸の敷地は広さ縦三〇間、横一六間（約八七三平方メートル）、三の丸は本丸の東側にあり、広さ縦八五間、横三五間（約三八六七平方メートル）であった。城内の井戸は城の東麓にあった。伊達輝宗も使ったため「御前清水」と呼ばれ、今もこんこんと湧き出ている。

百目木城跡と歌川広重の「百目木駅八景図」

百目木城は、国道四五九号線沿いの旧百目木小学校の東方に位置し、標高約四五〇メートルの山頂を中心に、口太川と山辺沢に挟まれた山陵突端に築かれていた。

この城は、南西に突き出た山稜を巧みに利用し、北・南は急崖、東西は堀切で遮断し、あたかも独立丘陵のように見せている。尾根部分を削平した後堀切で区画し、本丸、二の丸、三の丸、出丸、又出丸の五郭をほぼコ字状に配置していた。本丸には坪石（石庭）を設け、堀切で隔てた三の丸とともに城の中心部をなしていた。大手口は南方に開け（県道二本松・浪江線側）、本丸までの距離は三町（約三二七メートル）ある。搦手《からめて》は東側（字搦目）にあった。

永禄十一年（一五六八）石橋氏四天王の一人石川弾正が、小浜城主大内備前定綱と結んで主家の石橋氏を滅ぼし、百目木周辺を領有し、百目木城を築城した（もと住んだ古館は城跡の北東一二〇〇メートルの所にあった）。

天正十三年（一五八五）石川弾正は、伊達政宗の大内攻めに加担して大内備前定綱を滅ぼし、その功により小手森城と築館城を加増された。その後石川弾正が相馬義胤と結んだため、政宗がこれを攻撃するため塩松に進出すると、弾正は百目木城を出て小手森城に籠り応戦するが、天正十六年（一五八八）正月、伊達勢は激しく攻撃し、小手森城は城兵五〇〇人余が討ち取られ落城した。弾正

百目木城本丸

もこの時討死したとみられている。

百目木城は、弾正の父石川摂津守が守っていたが、相馬に落ち延び、廃城となった。

百目木の名目津に名目津壇と呼ばれる塚があり、弾正の墓所といわれる。

百目木は近世、中通りから浜通りに向う交通の要衝にあり宿駅としても栄えた。またこの地方も二本松領における養蚕・蚕糸生産地帯として活発な商品取引を行い、富裕な商人を出現させた。弘化年間（一八四四〜一八四八）歌川広重はその一人である百目木の商人渡辺半右衛門に招かれ、「陸奥《むつ》安達百目木駅八景図」を描いた。八景の一つ「坪石の秋の月」は百目木城跡を描いたもので、廃城後二五〇年を過ぎているが、城跡に規模の大きい倉庫風の建物が一〇棟余も描かれ、後方に五〇戸ほどの民家もあり、百目木駅の中で百目木城跡もまだ大きな役割を担っていることが見てとれる。

陸奥安達百目木駅八景図「坪石の秋の月」（仙台市博物館蔵）

広瀬熊野神社の御田植え

岩代町上太田字広瀬は、二本松市から東に二〇キロメートルほど離れ、周囲を阿武隈高地の低い山地に囲まれ、安達広瀬川が集落の中央を流れる四〇戸ほどの集落で、その東方の小高い山の上に熊野神社がある。

熊野神社は、延徳二年（一四九〇）百目木城主石川摂津守が紀州熊野から熊野神社の分霊を勧請して創建したといわれる。熊野神社は熊野山息王寺の境内から一七〇段の石段を上った山の上に三間四面の社殿がある。

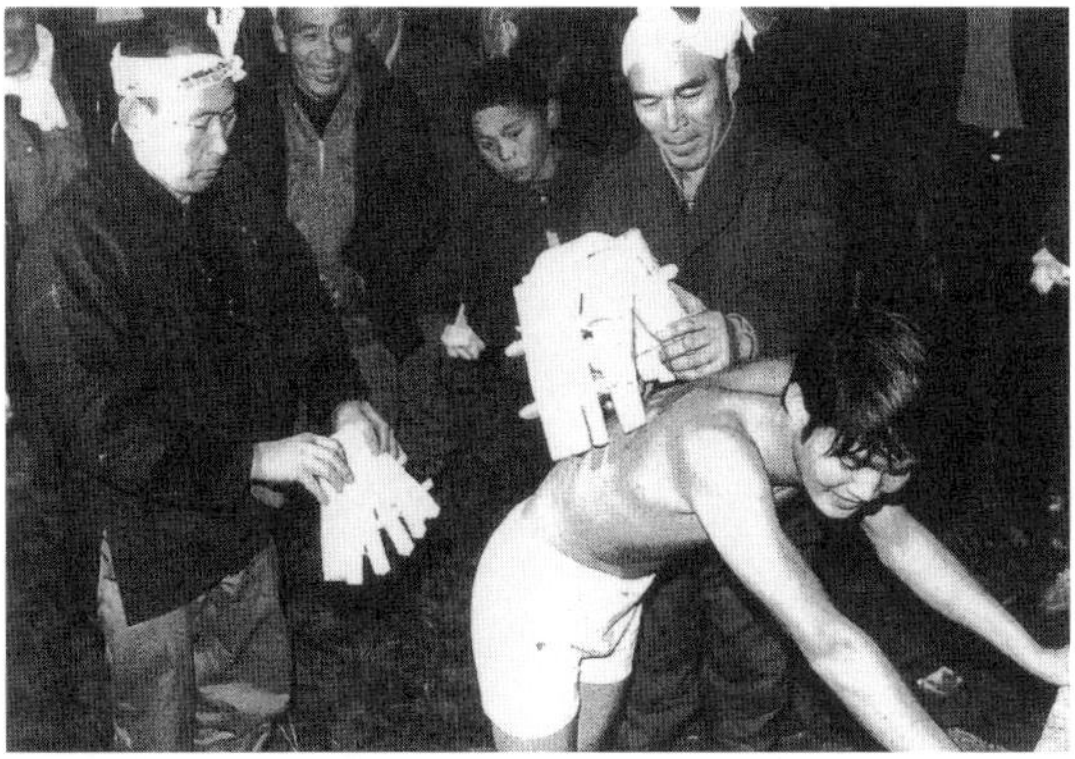
広瀬熊野神社の御田植え「代かき」（『岩代町史』）

御田植えは神社の春祭の一月六日に行われる。行事は前日の五日、氏子の中から順番で三人の山大人を選ぶことから始まる。

山大人は氏子から餅米を集めて回り、山大人の一軒で、千本杵《きね》で二斗ほどの餅を搗く。

六日の朝になると、各戸から男一人が出て、山からヌルデの木を切ってきて、元名主の遠藤家で、祭具となる小鍬、大鍬、荷鞍《にぐら》を作る。小鍬は前日搗いた餅を、縦一〇センチメートル、横四センチメートルほどの短冊形に切り、それにヌルデの柄を差し込んで作る。これは参詣者にも配るので三〇〇個以上にもなる。大鍬は三本作り、大きく三角形にのした餅にヌルデの柄を差し込んで作る。荷鞍はヌルデの股状の木に、ヌルデの横木を結び、それに短冊状の餅を四、五枚下げて作る。

午後六時になると、氏子たちは集会場に集まり、準備しておいた祭具や諸道具を持ち、熊野神社に向う。途中山大人の一人は、息王寺から「お太郎様」と呼ぶ高さ四〇センチメートルほどの木製の仏像を借り、熊野神社の祭壇に備える。これが田の神の役を務める。

境内ではかがり火を焚き、祭壇に灯明をともした中、総代、山大人、来賓が着座して神主により祭式が進められる。大拍子《だいびゃくし》の連打で始まり、修祓、祝詞奏上、玉串奉奠《ほうてん》の順序で行われる。氏子たちと参詣者は境内で見守る。

大拍子の連打を合図に御田植えが始まる。

御田植えは「寄せ刈り」から始まり「せき掘払い」「田うない」と続く。田うないでは、境内にいる氏子や参詣者に小鍬を渡し　〽春田はうなうどん　千ぐのくわそろいた　と何回もうたっていると、山大人が本殿に供えておいた神酒とかゆを全員にふるまう。この時おかゆを配る山大人は、お太郎様を後向きにして背負う。ふるまいが終ると再び歌となる。

次に「はねくわ」「代かき」となるが、この時山大人の一人が神社下の広瀬川で水垢離《みずこり》をとって戻り、ベコ（牛）役となって代かきを始める。次に「苗代しめ」「種まき」となるが、種まきはこの祭りの中心神事で作占いが行われる。

作占い神事（右は大拍子）（『岩代町史』）

灯が消され、目隠しされた神主は米一升を入れたお櫃《ひつ》を持ち、歌をうたいながら大拍子のまわりを回り、歌を九回うたうと大拍子の上に米を蒔く。神主は大拍子の上に蒔かれた米の状態を見て、今年の豊凶を占うのである。作占いは早生《わせ》、中生《なかで》、晩生《おくて》、分付《ふんづ》けと順に行われる。

「種まき」が終ると「田植え」で、一同が境内に出て、皆んなで肩を組み田植唄を何回もうたう、「こずはん」の声がかかると、「出うない」と同じく酒とかゆがふるまわれる。

最後が「稲刈り」で、〽七穂で八升とる　八穂で九の升とる　と何回も繰り返しうたっていると「今年も豊年だ」などの声があがり御田植えは終りとなる。この後作占いの結果が張り出され参会者に知らされる。

広瀬熊野神社の御田植えは、予祝、年占いの神事を古いまま残している貴重な行事であるとして福島県の重要無形文化財に指定されている。

下長折諏訪神社の三匹獅子舞

岩代町下長折字除山《のぞきやま》の諏訪神社は、県道二本松・岩代線沿いの小高い丘陵上にある。大同二年（八〇七）に信濃国（長野県）の諏訪神社の分霊を勧請したと伝える。祭神は諏訪明神（大国主命）で開拓・狩猟・農業の神様である。

三匹獅子舞は、諏訪神社の春祭りに、上長折の滝洞《たきぼら》（鈴木内・滝・片倉の集落からなる）と長折の東方《ひがしかた》（宮久保・道久保の集落）・下長折の中洞《なかぼら》（羽黒内・藤・大柱《おおはしら》・除《のぞき》・移川の集落）が隔年交替で奉納する。

獅子舞は、各洞ごとにある「獅子連中」により管理・運営されている。年番に当っている洞では、四月になると庭元（当年の宿をいう、庭元は一年ごとに交替するが「宿送り」に当屋制のような厳格なしきたりがある）で総会が開かれ、代表世話人をはじめ、獅子・笛・太鼓・ササラなどの各種世話人が選ばれ、さらにこれら世話人たちにより、太郎獅子・次郎獅子・雌獅子各一名とササラ振り二名が決められる。舞の練習は祭礼まで庭元で行われる。

小浜長折の三匹獅子舞（滝洞　『岩代町史』）

獅子舞の奉納は、古くは秋祭りに行われたが、現在は春祭りの五月四日に行われる。奉納は午前と午後に分かれ、午前中の獅子舞は年少者によるもので「子獅子」或いは「奉納獅子」と呼ばれる。午後は年長者によるもので「古参獅子」、「手伝い獅子」と呼ばれる。

獅子の服装は、子獅子が花模様の襦袢《じゅばん》に踏籠袴《ふんごみはかま》をはき、うしろ腰に幣束を二本交差《こうさ》してさし、前には腰に小太鼓をしばりつけてばちを持ち、手甲・白足袋・わらじばきとなる。古参獅子は花模様の衣装に紅白の両たすきをかけ、手拭を前はち巻にして采配を持ち、手甲・白足袋・わらじばきとなる。

獅子頭は、桐材で黒を主色として赤や金色を配した漆塗りで作られ、雄獅子は長い山鳥の尾をつけ、雌獅子は羽根も短く牙《きば》がない。

ササラは長さ三メートルの太い竹竿の上部に多くの穴をあけ、花と称する五色の色紙をつけた花串を斜めにさして作る。ササラ持ちは七、八歳の子供がなり、花模様の衣装に紅白の両たすきをかけ、手甲・白足袋・わらじばき姿となる。獅子の舞に合せてササラをゆする様も見所の一つである。

東方獅子（『岩代町史』）

獅子舞奉納の当日になると、洞内の家々から紋付袴姿で、家紋入りの提灯を手にした獅子連中が庭元の家に集まる。午前九時になると庭元の庭前で、太郎獅子・雌獅子・次郎獅子の順に並んで「舞い込み」の舞を踊ってから、国旗・ササラ竹・獅子・笛・太鼓の順で諏訪神社に向けて出発する。道中笛役は「みちぎり」「町囃子」の笛を吹き、獅子も笛に合せて小太鼓を打ち頭を振りながら進む。
神社に着くと大太鼓を木枠に載せ、ササラ竹を舞庭の左右に据える。

「舞込み」の囃子により三匹獅子は舞庭に入り、「チーラリ」「そぞろき」「山がかり」と舞い、最後に「きりの舞」で舞納めとなる。きりの舞には歌が入り、賑やかに舞われる。

滝洞、東方、中洞の獅子舞（踊り）には小異はあるが、それぞれ特色を持っている。滝洞の獅子は「山がかりの獅子」とも呼ばれ、山から降りて来た獅子が悪魔を追い払った喜びを華やかな動作で舞う。東方の獅子舞は「花吸いがかりの獅子」と呼ばれ、この曲には獅子頭はつけないで花衣装を着た四、五歳の子獅子（「岡獅子」と呼ぶ）が加わり、花をつけたササラの下で舞う。中洞の獅子舞は「庭虫がかりの獅子」と呼ばれ、獅子舞本歌がうたわれる中で、舞庭に立てたササラ竹を、太郎獅子、雌獅子、次郎獅子の順に一列になり、8の字に回りながら華やかに舞う。

獅子舞の伝来の時期は判らないが、滝洞の古い太鼓に天明三年（一七八三）の銘があり、この頃には現在の獅子舞の祭式が定まっていたと思われる。下長折の三匹獅子舞は、県内の獅子舞の中で最も勇壮で華やかであるといわれる。

県指定重要無形民俗文化財となっている。

東北唯一の子供地蔵 ― 万人子守地蔵尊

万人子守地蔵尊稚児舞

万人子守地蔵堂は、三春街道（県道小浜・三春線）沿いの小浜町中の古くは旭ヶ岡と呼ばれた低い丘陵上に建っている。

子守地蔵尊は、天正年間（一五七三〜一五九二）に伊達輝宗が宮森城に居城の際、まだ若い我が子政宗の身体堅固・武運長久を祈願して祀ったといわれる。政宗はその後次々と戦いを勝ち抜き奥州制覇を成し遂げ、独眼竜の勇将として名を天下に轟《とど》ろかせるが、これも地蔵尊の広大な御慈悲の賜であると人々に語り継がれ、東北で唯一の、子供の健やかな成長を見守る地蔵尊として深い信仰を集めてきたのである。

地蔵尊は、身の丈一尺四寸（約四二センチメートル）、胴回り一尺七寸（約五一センチメートル）の小振りの木彫像だが、今では頭部も胴部もすり減って原形を留めていない。それは、往時の御堂は扉もなく開放的で、御本尊は堂内に安置されるいとまもなく、子供たちに持ち出され、子供の遊び相手になっていたからという。また家族が病気にかかると御本尊をこっそり借り受け、家に持ち帰り、全快するとまた御堂に返納したといわれる。

万人子守地蔵尊の祭礼は、かつては四月二十三日が宵祭り、翌日二十四日が本祭りとされたが、現在は子供の日を中心に五月三日から五月五日までの三日間が祭礼で、稚児舞の奉納と祈禱が行われる。

稚児舞は、小浜地蔵尊保存会が管理し、福聚教会小浜御詠歌講が協力して行われる。

稚児は小浜町内の小学生から中学生までの女子が選ばれ、およそ三名ないし五名が一組として五組を構成する。踊りは、地蔵尊隣りの反町集会場で祭りの一か月前から練習する。

稚児舞は、鈴を鳴らしながら御詠歌講の一二人がうたう御和讃に合せて踊られる。和讃名と採物は次のとおりである。

地蔵菩薩御和讃　扇子一本
花御和讃　　　　桜枝二本

伝教大師御和讃　扇子一本
吉慶の御和讃　扇子二本
札打御和讃　扇子一本

稚児舞は、一般には巫女《みこ》神楽の系統に属するもので、「浦安の舞」とも呼ばれる所もあるが、古くは巫女が神座で踊り神懸りして告げる託宣を受けることから始まったが、段々と洗練され、現在のように整った形式になったといわれる。

例大祭では時間を切りながら祈禱が行われる。

子供に災いが降りかからないように願いを込め、身代りに木彫の地蔵尊を御本尊の分身として借り受け、一年たつと親地蔵の元に里帰りさせ、感謝の気持ちをささげるとともに、新たに一年間を守って貰うために祈禱を受け持ち帰るのである。

子地蔵を持つ信者は一万人以上もおり、祭り当日は、朝から祈禱を受ける信者で堂内は溢れるばかりに賑わう。

本宮市

天王壇古墳
大玉村役場
庚申壇古墳
阿武隈川
岩角山
富ヶ峰
東北新幹線
安達太良神社
本宮城跡
高木遺跡・
百目木遺跡
本宮駅
蛇の花公園
蛇の花御殿
本宮市役所
118
119
太郎丸観音堂
岩井の清水
4
安積疏水五百川
取水口
苗代田神社
仙道人取橋
古戦場跡
東北自動車道
8
73
28
東北本線
五百川

阿武隈川河畔に発達した古代の大集落 ― 高木遺跡・百目木遺跡など

阿武隈川と安達太良川の合流点から二〇〇メートルほど下流の安達橋から照代橋にかけての阿武隈川右岸に、連続して山王川原遺跡・北ノ脇遺跡・高木遺跡・百目木遺跡・原遺跡（以上は「河原遺跡」と総称される）がある。

ここは阿武隈川が洪水の時運んだ土砂や礫が厚く堆積し、周囲よりやや高くなった自然堤防と呼ばれる微高地で、五メートル地下には硬質の粘土層があり自然堤防の基盤をなしている。そしてこの基盤から一〇層から二〇層の堆積層があり、遺跡の場所により異なるがこの層位に従って、下層から縄文時代後期（四世紀）、弥生時代（五世紀）、古墳時代（六世紀）、奈良時代（七世紀）、平安時代（八世紀〜）と連続して約六〇〇〇年に

下流から眺めた河原遺跡全景（『本宮町史』）

わたり古代集落が続いた。

遺跡の分布は、南北二キロメートル、東西二〇〇メートルにわたり、遺跡の殆んどが自然堤防の範囲にある。

これらの遺跡は、阿武隈川の築堤工事や橋の掛け替え工事に伴い、本宮町教育委員会や福島県文化センターが調査を行い明らかになったもので、まだ全調査が終了したわけではないが、現在まで判明した遺跡の概要は次のとおりである。

山王河原遺跡出土の壺と杯（『本宮町史』）

高木遺跡出土の土器と土製品（『本宮町史』）

山王川原遺跡　本宮市高木字山王川原

出土遺構	竪穴住居跡　五九軒 掘立柱建物　一〇棟 土坑　九九基 鍛冶遺構　一か所
出土遺物	縄文後期土器　弥生土器片　土師器（五世紀頃の壺や甕を含む） 須恵器　土製品（小玉・勾玉・管玉など） 石器　石製品（剣型・有孔円板）鉄製品
遺跡の特徴	縄文・弥生土器片が微量出土しているが、六世紀前半から七世紀前半に属する竪穴住居が四三軒あり、この時期に一回目の盛期を迎えたものと思われる。八世紀から九世紀前半にかけての竪穴住居跡一六軒あるので奈良・平安時代に掘立建物も加えて第二の盛期を迎えたものと思われる。 鍛冶遺構には多量の鉄滓が遺棄されていた。

北ノ脇遺跡　本宮市高木字北ノ脇

出土遺構	竪穴住居跡　一三一軒　うち縄文後期の住居跡一軒あった。 掘立柱建物　三棟 土坑　一一四基

出土遺物	土師器（杯・甕・甑《はそう》など） 須恵器（高杯など） 土製品　円面硯　注口土器（縄文後期）
遺跡の特徴	遺物は古墳時代から奈良・平安時代にかけてのものが多く、古墳時代以降の遺跡とみられる。

高木遺跡　本宮市高木字高木舟場

出土遺構	竪穴住居跡　一一七軒 内訳　敷石住居跡　一八軒 石囲み炉を持つ住居跡　一九軒 複式炉を有する住居跡　六四軒 土坑　二五八基 敷石　六七基 土器埋設遺構　九一基
出土遺物	縄文土器（双口土器　瓢箪《ひょうたん》形土器） 土製品　土偶　石器　石製品

（河原遺跡全体を含めて）遺跡の特徴

縄文時代の集落は、一般に狩猟や木の実採取に便利な、水害に心配のない洪積台地や山麓に営まれていたが、高木遺跡は、自然堤防上とはいえ、水害の受け易い阿武隈川河畔の沖積層上に、当時としては希に見る大規模な集落が営まれていた。水害を凌《しの》げれば、フナ・コイ・マス・ウナギなどの魚取りやシジミ・タニシ・カワニナなどの貝類が採取でき、またツル・カモ・バン・ガンなどの水鳥や水辺に現われるシカ・イノシシ・クマ・ウサギなどの獣類の捕獲が容易であったことが原因していたと思われる。

河原遺跡では、弥生時代の遺跡が少ないが、稲作の普及とともにより適地を求めて低湿地に居住地を移し古墳時代頃に再び河原遺跡に戻って来たと思われる。

百目木遺跡（旧渡場《わたしば》遺跡）　高木字百目木長瀬

出土遺構	出土遺物
竪穴住居跡　二三一軒 掘立柱建物跡　五棟 溝跡　二八条 土坑　七五基以上　落穴と見られる	土師器（「泉」「上」「子町」「寺」などの墨書の入ったもの） 赤焼土器　須恵器　鉄製品

複式炉を持つ竪穴住居跡
（百目木遺跡　『本宮町史』）

遺跡の特徴

縄文期二軒、古墳時代一一軒の住居跡があったが六割以上が七世紀の奈良時代のものであった。この時期に盛期があったものと思われる。なお赤焼土器は十世紀に出現したもので、残りの住居跡は平安時代のものと思われる。

多彩な埴輪が出土した本宮の古墳 ― 庚申壇古墳と天王壇古墳

本宮駅の北西約二キロメートルの所に、大玉村にかけて西北西から東南東に走る全長約一六〇〇メートル、最大幅二五〇メートルの泥流丘陵がある。地名から南ノ内丘陵或いは赤坂丘陵と呼ばれる。この丘陵の東端の字竹ノ花に庚申壇古墳が、その西北の字南ノ内に天王壇古墳がある。庚申壇古墳は、墳丘頂部に庚申塔が祀られていることからこの名が付けられた。大玉村側からは馬乗地古墳と呼ばれていた。

庚申壇古墳の付近は多くの古墳のあった所で七ツ坦《だん》と呼ばれたが、現在は庚申壇古墳、天王壇古墳、二子塚古墳、金山古墳の四つが残っている。

庚申壇古墳は、前方部の低い前方後円墳と考えられるが、前方部は削平されて一部のみが残されている。後円部は、径三〇メートル、高さ五メートル、前方部は削平残部一八メートルで、

庚申壇古墳後円部

全長五〇メートルに及ぶ前方部が小さい帆立貝型古墳といえる。

古墳の墳丘各所から、円形埴輪片、朝顔形円形埴輪片が多数出土したことから、墳丘は葺石《ふきいし》を持ち多数の埴輪を樹立した古墳であったことが判る。出土した円形埴輪は円形透地《すかしぢ》を持ち、口径は三〇センチメートル以上の大型のものであった。

この埴輪は大型で焼成に甘さが見られること、埴輪に二次調整に横ハケが見られることから、同じ古墳群にある字南の内の天王壇古墳より早く、五世紀前半にさかのぼる可能性がある。

天王壇古墳は江戸時代末に発掘されたといわれ、墳丘の中央部に凹が見られる。鉄製の刀、玉類が出土し、当時の二本松藩主に献上されたとの言い伝えが残されている。

昭和五十七年に古墳東側への道路の取り付けの際、道路敷となる部分の緊急発掘調査が行われ、それまで二八メートル、高さ三メートルの円墳とされてきたが、調査の結果さらに大きい三八メートルの円墳であることが判明した。北西部には、幅五メートル、高さ三メートルの造り出し（円墳に方形の墳丘を付け加えたもの）が付設され、古墳の周囲には幅六メートル、深さ一メートル前後の周溝が巡り、この周溝に墳丘より落ち込んだ状態で大量の埴輪が発見された。造り出し西側の同溝下には、動物（犬・鳥・馬・猿）埴輪がまとまりを持って出土された。造り出し北部の周溝幅が広くなる部分には、甲冑形埴輪、二重口縁壺形埴輪、樽様甑形埴輪、丸底壺形埴輪、女子形埴輪、衣

天王壇古墳頂上　牛頭天王が祀られている

天王壇古墳出土の埴輪（本宮市歴史民俗資料館蔵）

天王壇古墳出土の女子埴輪（『本宮町史』）

天王壇古墳出土の甲冑埴輪
（『本宮町史』）

蓋（器台）形埴輪が出土した。このほか周溝内から土師器の杯、椀、須恵器杯蓋　破片、石製紡錘車などが出土した。また周溝の外側や周溝に接して、円筒埴輪を棺に転用した「埴輪棺」と呼ばれるものが発見された。

甲冑埴輪は、高さ八八・五二センチメートルと大きく、「眉庇付冑《まびさしつきかぶと》三角短甲《たんこう》埴輪」と名付けられている。この埴輪は眉庇部（冑）・肩冑《かたよろい》部・短甲部（草摺《くさずり》）、器台部に分けられる。冑は頂部に伏鉢と呼ぶ半球状の高まりを作り、受鉢を乗せる小孔が穿かれ冑全体に鋸歯状の眉庇が付している。肩冑は波線で表現され、草摺も横走する波線で描かれ、器台部に続いている。

女子埴輪は、現在高四一・二センチメート

ルで髪型は、髪の端を頂上でまげてたばねた状態で縦長の粘土板で作られており、近世の「つぶし島田」に似ていることから「島田髷結髪女子埴輪《しまだまげけっぱつ》」と名付けられた。目は上眼瞼《まぶた》が直線で目尻に向って下がり下目瞼は弧を描いている。耳は粘土を張り付けてくぼみを作り、前面に向って開いている。胸部は左半分と右肩が欠損しているが、乳房も作られており、右肩から下がる衣の一部が段差を付けて表現している。顔全体のほか胸部のところどころに朱彩が残されている。現在までのところ、この女子埴輪は関東以北で最も古い人物埴輪になっている。

五百川と帳付《ちょうづけ》神社

五百川は、会津と安積の境の中山峠の真下に水源があり、二五キロメートルを流れて阿武隈川に合流する。この五百川の周辺には、帳付神社と呼ぶ七つの神社がある。高倉・荒井・青田・苗代田・谷地（五百川《よかわ》）・羽瀬石・横川のそれで、長津気または帳付大明神と呼ばれ、かつてはそれぞれの村の鎮守及び水神として崇敬されてきた。

帳付大明神の由来は、白沢村の浮島神社が所蔵する「安達郡横川村鎮守帳付大神五百川水源弁」によれば次のとおりである。

久安年中（一一四五〜一一五一）の昔、ある皇子に過《あやま》ちがありその罪死に価《あたい》するものであったが、時の天皇の慈悲により遠国への流刑となった。その国はどことの定めなく、ただ都より東の方五百番目の川の外に流離せよとの勅命であった。そのとき皇子警護の司人に誠実な武士がいて、遠く都を離れる皇子を哀《あわ》れに思い、道筋の川を小溝《みぞ》さえ数に入れ帳面に付けていった。安達と安積の境高倉と仁井田の里の境の川が五百番目の川であるとした。皇子は五百川の里に仮宮を営み住み暮した（中略）。

帳付大明神というのは、帳付の司人を祀る神社であるという。

青田の帳付神社（『本宮町史』）

この由来書では、「ある皇子」として実名は書かれていないが、文化三年（一八〇六）に書写されたという岩根津田神官家蔵の「帳付大明神宮記」では次のとおり皇子の名は藤原実方としている。

藤原実方は右近衛中将にまでなった歌人で、一条院の御代（九八六〜一〇一〇）大納言藤原行成と口論があり陸奥の国に左遷された。都を去ること大小五百の水を距《へだ》てたその所とされたので実方は八人の従者を従え、東山道を下り阿尺郡に至って五百番目の川に行き着いた。別荘を松陰山（小屋館山）に建て住いした。

ある年の六月青垣山に登って、

あおがき山のぼりてみれば情もたぬけぶりのふとら《（太ら）》にたてる国原

と詠んだ。その帰途雷雨にあい、松陰に帰ってから実方は逝去し、遺言により横川に葬った。里人は実方の徳を慕って、従者八人と宮を横川・苗代田・高倉に建て天津児屋根命・五百筒男命・猿田彦命を合せて祀り、長津気または帳付大明神と称した。横川を上津瀬宮（終宮）、苗代田を中津瀬宮（中宮）、高倉を下津瀬宮（初宮）と称し後に荒井・青田・羽瀬石・谷地に分けて七宮とした。

帳付明神に関する伝承は、横川神官家、仁井田五百川《よかわ》神官家にも伝わり、初めは橘諸兄《たちばなもろえ》であったが、書き改める際藤原実方に変えたといわれる。『相生集』では、五百川は魚川と呼ばれていたのを五百川にしたもので帳付明神伝説は、いわゆる浮説でよりどころのない噂だとしている。

しかし帳付神社は七村の鎮守であったことは間違いない事実で、鎮守を意味する愛宕神社としたり、村名を付け神社名とした。

本宮城跡と周辺の城館跡

本宮市街地の北西部安達太良神社の鎮座する比高三〇メートルほどの小山を菅森山《すがもり》といい、ここに菅森館があった。この山の北東へ張り出し部分を別に大黒山といい、ここには鹿子田《かのこだ》館があった。南側の本宮小学校に隣接する愛宕山には愛宕館があった。菅森山・大黒山・愛宕山は約三〇〇メートルほどの近さで隣接しており、その間の平場に居館、家臣屋敷、馬場などがあったものと思われる。本宮城はこの三つの館の総称と思われる。

菅森館の主郭は、安達太良神社本殿及びその背後の山頂平坦部辺りと思われるが、土塁、空堀などの明瞭な遺構は確認できない。

鹿子田館跡は、大黒山の比高五〇メートルの高所にあり、主郭はその頂上の広さ一〇〇メートル四方で、その周囲に帯郭が廻っており土居、空堀跡がある。

愛宕館跡は、周囲の破壊が著しいが、北東部に二段の腰郭状の平場が残されている。

鹿子田館跡周辺

本宮城は、南北朝期の終り頃の応永・永享年間（一三九四〜一四四一）二本松城主畠山国詮《くにあき》の次男満詮《みつあき》が大黒山に鹿子田館を築き鹿子田氏を名乗ったのが始まりであった。

天文年間（一五三二〜一五五五）畠山氏の重臣川崎宗頼《むねより》が本宮城に入り本宮氏を名乗った。畠山義継《よしつぐ》は天正年間（一五七三〜一五九二）菅森館城代に氏家新兵衛、鹿子田館城代に鹿子田和泉守、愛宕館に遊佐丹波守を配置し、二本松城南部の防備を固めた。

天正十三年（一五八五）「粟《あわ》の巣の変」が起ると畠山義継の子国王丸は、本宮・玉井・渋川城の兵員をすべて二本松に集め、政宗の襲来に備えていた。

この年の十一月、畠山氏の救援のため、佐竹・葦名・岩城・石川各氏などの連合軍が北上すると政宗は小浜城を出て本宮城に入り、連合軍と観音堂山、人取橋、青田原で大野戦を展開し政宗軍が勝利した。

翌年二本松城は政宗の攻撃により落城するが、本宮城はその後も政宗の仙道南下の拠点として利用され、天正十七年摺上原の戦いで政宗が葦名氏を破ると本宮城は利用価値を失ない廃城となった。

本宮には戦国期畠山氏の家臣や安積伊東氏の家臣らが築城した青田館（青田字舘）・三本松館（荒井字羽山）・瀬戸川館（仁井田字桝形）・小屋ノ山館（高木字大学）・高木田中館（高木字舘）・小屋館（岩色城ともいう。岩根字小屋館山）があり、伊達氏と畠山・葦名氏の抗争に加わったが、本宮城とともに廃城となった。

人取橋合戦場跡

国道四号線西側五〇メートルの瀬戸川のほとりに「史跡仙道人取橋古戦場」の標式がある。

ここは天正十三年（一五八五）に伊達政宗と常陸佐竹氏・会津葦名氏の連合軍が仙道（中通り）の覇権をめぐって戦った古戦場で、この戦いの戦死者を埋めた幸寿塚（今は功士壇と呼んでいる）

と文政十一年に茂庭氏の子孫が建てた、高さ二メートルの茂庭左月の石碑がある。碑の側には今埜彦次郎、同小三郎、舟生八郎左衛門の小さな石碑がある。

人取橋合戦については『伊達成実日記』に詳しいが概略は次のとおりである。

仙道人取橋古戦場跡

天正十三年十月八日二本松城主畠山義継により非業の最後を遂げた父輝宗の仇を討った伊達政宗は、義継の嫡子国王丸の守る二本松城を攻撃しようと軍勢を進めていた。

政宗に仙道を奪われることを恐れた常陸の佐竹義重、会津の葦名亀若丸、白川城の白川義広、須賀川城の二階堂盛義の後室大乗院、磐城大館城の岩城親隆、芦名城の石川昭光は須賀川城に会し強力な連合軍を結成して北上し始めた。

政宗は小浜城を出発し、岩角城を経て、十一月十六日には阿武隈川を渡り、本宮城に入った。翌十七日伊達勢は古観音堂の丘（今の日輪寺のある丘）に本陣を進め、茂庭左月、

功士壇

片倉小十郎らが本陣の守備に当った。伊達成実は瀬戸川館によって左翼を固め、白石若狭らは会津街道を進む会津勢に備えて荒井五百川辺に布陣した。

連合軍は伊達勢の本陣に向って中央荒井方面は佐竹勢が主力となり、会津街道は会津、佐竹勢が中心となり進んで行った。伊達勢が守る高倉城には白川・石川・岩城勢が向った。

合戦は瀬戸川が流れ、人取橋という一本橋がかかり東山道が通る青田原一帯で行われた。

佐竹勢が青田原で伊達勢を破り、伊達氏の本陣に突進したため、古観音堂辺は乱戦の巷と化した。多勢に小勢（連合軍二万人伊達軍五〇〇〇人が激突した）伊達勢に敗北の危機が迫ってきた。

この時伊達の老将茂庭左月（七三歳）は手勢六〇騎を率いて突撃し、自らは人に目立つ黄色帽子を着けて力戦し、首級二百余を挙げたが岩城氏の臣窪田十郎に打ち取られてしまった（窪田十郎は左月の子延元に捕えられたが後許され延元の家臣となった）。一方伊達勢の側面を守る伊達成実は決死の覚悟で自陣を守ったが、この日は日没となり両軍は引き上げた。

その夜佐竹の軍師が家僕に刺殺されたため、優勢の連合軍は本宮を陥落させることなく兵を返し、伊達軍の勝利に終った。

『安達案内』によると連合軍の死者九六一人、伊達側四二六人で、これら戦死者を埋めた所が功士壇である。

安達太良山の神々を祀る安達太良神社

安達太良山は、遠くから見ると一山に見えるが、北から鬼面山（標高一四八二メートル）、箕輪山（一七二六メートル）、鉄山（一七〇九メートル）、安達太良山（一七〇〇メートル）、和尚山（一六〇一メートル）と南北に一直線に連なる連続峰で、前衛の山に前岳（一三四〇メートル）、籠《かご》山（一五四八メートル）、後方に船明神山（一六八〇メートル）があり、これらを総称して安達太良連峰という。安達地方では、古くは岳山、二本松岳と呼んだ。安達太良の名は、安達郡の安達とその地方一番を

安達太良神社社殿

表わす太郎を付け、安達太郎から安達太良になったとか、アイヌ語で乳首を表わす「アタタ」が訛ったとする説がある。

安達太良は、古くは安太多良と書き広く知られていたようで、『万葉集』の中の東北地方の歌一二三首の中に安太多良の歌が三首入っている。

安太多良の嶺に伏《ふ》す鹿猪《しし》のありつつも吾は到らむ寝処《ねど》な去りそね（巻十四　三八二八）

安達太良山にはいつも鹿や猪が寝起きしているようにわたしも行くから寝床を離れないで待っていておくれ

安達太良山は、古くから神の座《いま》す山として神格化され、安達太良明神として崇拝されてきた。安達地方には、大玉村玉ノ井の安達太良山遍照院相応寺、安達町渋川の安達太良山光明院円東寺、本宮市荒井の高松山神宮寺、二本松市の安達太良山神宮寺、二本松市塩沢の安達太良神社（八合神社ともいった）、安達町吉倉・上川崎東山の安達太良山神社、本宮市平井・舘ノ越の安達太良神社、大玉村玉ノ井の玉井神社（安達太良神社と愛宕神社が併合してこの名となった）のように、安達太良山の山号を持つ寺院や安達太良明神を名乗った神社は、小祠も合せると一四寺社を数える。

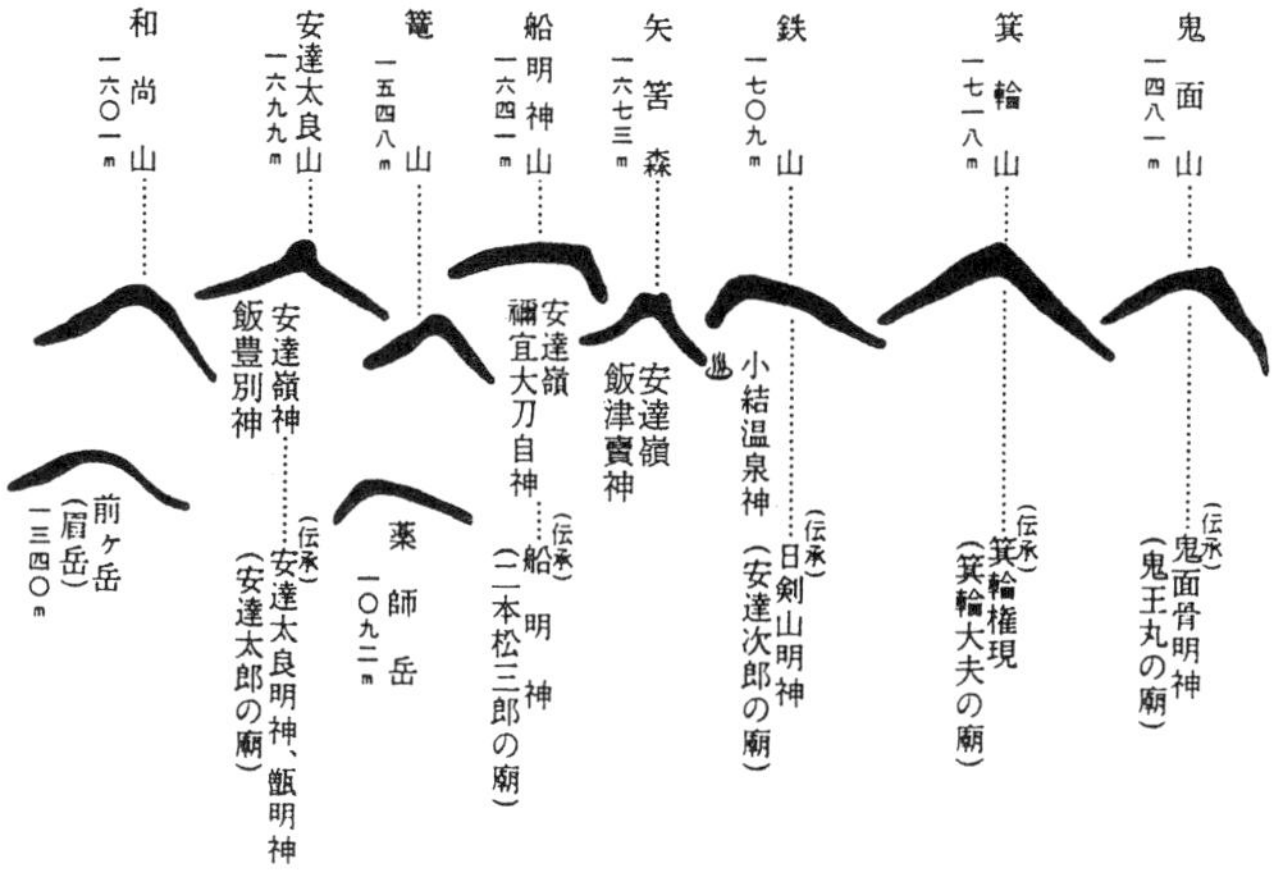

安達太良の峯と神々（木村完三著『安達太良山』より転写）

俗に明神山または菅森山と称する丘陵にある本宮市舘ノ越の安達太良神社は、久安二年（一一四六）、安達太良山に祀られていた甑明神（祭神は飯《いい》豊和気《とよわけ》神）、矢筈《やはず》森の矢筈明神（飯津比《いいつひ》神）、鉄山の剣山明神（湯日《ゆひ》温泉神）、船明神山の船明神（祢宜《ねぎ》大刀自《おおとじ》神）と名倉山に祀られていた宇名《うな》明神（高《たか》皇産霊神《みむすびのかみ》・神皇産霊《かみむすび》神）を現在地に合祀して安達太良大明神と称し、安達郡総鎮守となった。この時本目村を本宮村に改めたという。

安達太良神社は、初め今の二の鳥居付近にあったが、文化三年（一八〇六）に本宮全町を焼く火事があり安達太良神社も焼失してしまったので、文化十三年に菅森山頂上に遷宮再建された。

本宮市街通りから表参道に入り、一の鳥居・二の鳥居を通り、長い石の階段を上ると正面に大きな唐破風を乗せた拝殿が目に入る。右奥に神楽殿があり、境内は樹齢三〇〇年を超える杉や欅が何本も目に留まる。

拝殿は、正面八間、奥行二間半の規模で、屋根は入母屋造りとなり、正面に大きな唐破風を突き出している。唐破風屋根を持つ向拝の懸魚《けぎょ》や蟇股には緻密《ちみつ》な彫刻が施され、天井には龍の絵が描かれている。拝殿内部には天保三年（一八三〇）に本宮宿有志三六人により奉納された三十六歌仙の額が飾られている。

本殿は一間社流造りで、屋根は木羽葺きで覆屋に入っている。材料・彫刻・造作が優れており、特に両側の脇障子に見られる肉厚な龍の丸彫りや両妻側の龍・鳳凰《ほうおう》、向拝の唐獅子などの彫刻は見事である。

安達太良神社は、戦後まで県社として崇拝されてきた。現在の祭礼は、五月一日が春祭り、十月最終の金・土・日が秋祭りとなっている。春祭りには、神楽殿で終日神楽が舞われる。秋祭りは「本宮まつり」と呼び、神社と町が一体となって神輿渡御や太鼓台の巡行が行われ、華やかに祭りが繰り広げられる。

安達太良神社奥の安達太良山のよく見える場所に花山公園があり、「山のけむり」「あざみの歌」「イヨマンテの夜」などをうたった本宮市出身の歌手伊藤久男の記念碑が建てられている。

町の発展を見続けた太郎丸《たろうまる》観音堂

太郎丸観音堂全景

本宮町南町の阿武隈川を望み、旧奥州街道と会津街道の分岐点であった町頭の字太郎丸に、この観音堂がある。

観音堂は、慶長十五年（一六一〇）町名主の小沼貞長が南町を開発した時に町鎮護のため、日輪寺（応永七年徳行房善覚が再建）にあった塩田家の持仏塩田観世音を永代借用し現在地に祀ったものである。太郎丸の地名は、現在の観音堂の南側の白然堤防上に方形の敷地を持った太郎丸掃部《かもん》の居館があったことによる。

塩田観音は『塩田観音由来記』によると次のとおりである。

安達郡伊原の里南本宮の南金谷というところに柳

聖観音菩薩立像
（『本宮町史』）

の沼という古池があり、この池の柳の枝に夜な夜な光物が現れるので地頭の塩田越後守はじめ里人は恐れおののいていた。この頃諸国巡錫中の晋海《しんかい》比丘《びく》が地頭の家に宿を求めて立寄ったところ、地頭は「これはよいお方がおいでになった」と喜び、柳の沼の光物の話をしてお坊の法力により鎮めてもらいたいと願った。普海が夜半沼に行くと、光物が池から出て柳の枝にかかった。近寄ってみると一体の仏像であった。宿に帰りよく見ると金色に輝やく正観音であった。地頭の塩田家では観音を祀るため本宮沼町に小堂を建て花蔵院と号し普海を別当とした。

天正十三年（一五八五）本宮が伊達・佐竹氏の合戦場になったため、観音堂も兵火にかかり焼失した。花蔵院の別当光円坊が火中より本尊を救い出し、日輪寺に移した。

太郎丸の観音堂は、東側の奥州街道側を向いていたが、明治十三年（一八八〇）の国道工事により境内を道路が貫通することになり、現在のような西向きに変わった。

観音堂は、方三間の建物で四方に縁が巡り、正面に唐破風を乗せた向拝がある。向拝の二重の虹梁は龍の丸彫彫刻が全面に施されている。向拝両側の二本の柱には唐獅子と象の木鼻が付いている。また唐破風の棟木は力士像が支えている。

観音堂の内部は、内陣と外陣に区分され、外陣は畳敷、内陣は一段高く板敷で祭壇が設けられている。天井は格天井で、彩色された絵が描かれている。

内陣の中央には、正面七七センチメートル、奥行五三センチメートル、高さ一九〇センチメートルの厨子が安置され、中に像高三二センチメートルの聖観音菩薩像が納められている。

境内南隈に観音堂と一緒に移されたという太郎丸観音堂供養塔が立っている。厨子をかたどるように枠を取り、半肉彫で、中央に阿弥陀仏、左に合掌する勢至菩薩、右に蓮華を持った観音菩薩像を踏割蓮華上に立たせる浮彫阿弥陀三尊来迎塔婆である。

親子四代で築いた岩色堰と今も使われている日影沢堰

岩色堰は、石川六左衛門秀富が五百川の岩色下モ之瀬に築いた堰で、県内で最も古い用水といわれる。

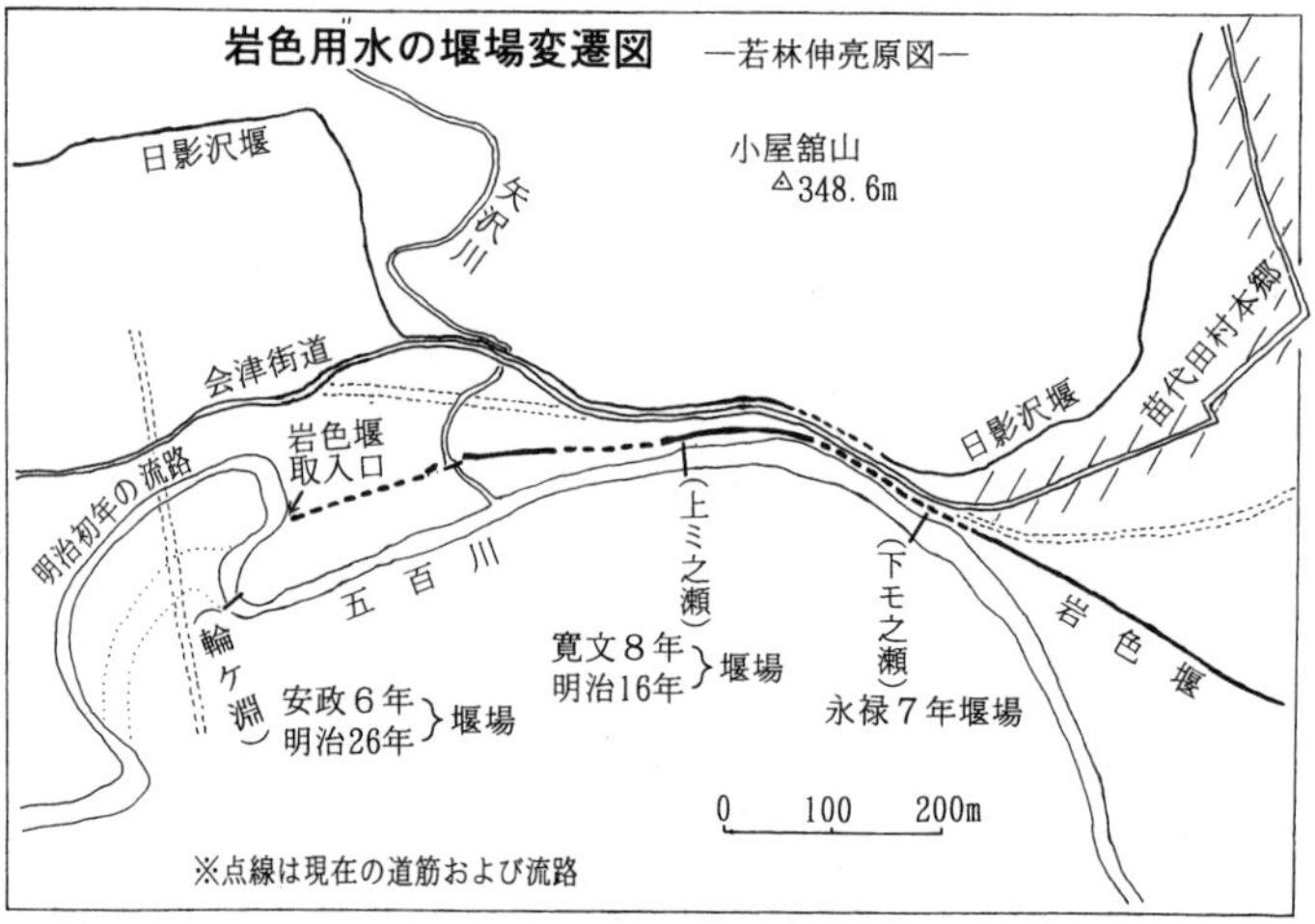

岩色用水の堰場変遷図（『本宮町史』）

秀富は二本松城主畠山義国から石川原を与えられ、永禄七年（一五六四）苗代田村岩色の下モ之瀬に、長さ一一〇間（約二〇〇メートル）、高さ五尺から一丈（約一・五メートルから三メートル）の堰を築き、新座《しんざ》まで一七〇〇メートルの用水路を開削して新田開発を行い、石川原を関下村と改め、自身も関下と改姓した。

秀富の子宗富は、元和元年（一六一五）から九年の歳月をかけ、新座から甲斐屋敷原・三本松原・沢田・五百川・仁井田の田村舛台《ぎゃくだい》まで、延長五七丁二〇間（約六二五四メートル）の新堀を開削した。

宗富の子義富は、正保三年（一六四六）蟹沢《かにざわ》新堀六丁一一間（約六七五メートル）を開削し、水下が高く水が流れにくい、いわゆる逆《さかさ》川を解消した。

義富の子直富は、下モ之瀬の堰場を二丁（約二一八メートル）上流の上ミ之瀬に、幅二七間（約五〇メートル）、高さ七尺から九尺（約二メートルから二・七メートル）の新堰を築いた。この堰場は、揚水は容易であったが、大岩が川中まで突き出ていて用水路を作ることが困難であったため、直富は昼夜並行で一〇年の歳月を費やし、大岩の下に一丁二四間（約一五三メートル）、幅・高さともに五尺五寸のトンネルを穿ち、その前後の岩場に三六間の新堀を掘削し通水した。

岩色用水・輪ヶ淵堰の現状

　こうした改良の結果、岩色用水は、貞享四年（一六八七）には苗代田村・関下村・荒井村・三本松新田・仁井田村・沢田新田・青田村の合せて二五七一石の水田を灌漑した。

　安政六年（一八五九）には、上ミ之瀬のさらに上流の輪ヶ淵に堰場が移された。

　岩色用水は、昭和に入っての耕地整理や農道などの基盤整備により水路が分断されたため、昭和十九年に安積疎水に併合された。

　日影沢堰の堰場は、石筵川と七瀬川の合流点からわずかに下流の郡山市熱海町玉川地内にあった。

日影沢堰は『本宮組村々大概帳』によると「灌漑用水を目的として元和元年（一六一五）青木葉村、下樋《さげひ》村、羽瀬石村三か村で普請して完成した」と書いている。いわゆる村営工事による築堰であった。下樋村の名は、日影沢堰を造る際黒岩の難所を越えるための樋を渡したことから付いた名といわれる。

文政二年（一八一九）には、苗代田村の普請により苗代田村まで延長された。工事の難所は、大岩にトンネルを開通することで、人夫約一九〇〇人、費用一〇〇両余を費やし、一年をかけ長さ二一間（約三九メートル）の大岩トンネルを完成させた。

日影沢堰場の現状・位置は昔と変わっていない
（郡山市熱海町青木葉字日影沢地内）

日影沢用水は、矢沢川を掛樋で渡って大岩トンネルを通り、流域を潤しながら、小屋館山の麓から本郷集落の裏手を巡って館の影の南を通り、首途に達するものであった。明治十七年（一八八四）には青田村まで延長され、青田原用水と呼ばれた。

昭和七年には、この地域の慢性的水不足を解消するため七瀬川の上流に三ツ森貯水池を建設し、七瀬川に流して青田原用水の水量確保を図った。

　昭和二十一年には、猪苗代湖から水を引く安積疏水と合併し、黒岩に揚水機を設置してポンプアップし、青田原一帯の灌漑用水の需要を満し現在に至っている。

岩井の清水

　岩井の清水は、瀬戸川の上流青田字日記沢地内にあり、清水は東側の山地に浸透した水が流紋岩層を通して噴出しているもので、俗に一杯清水といわれるものである。また古くは「石井《いわい》の清水」と書かれていた。

　地元の伝承では、八幡太郎義家が後三年の役（一〇八三〜一〇八七）に安倍貞任を追ってこの地に来た時、兵士の渇《かわき》をいやすため、矢じりを持って岩を掘ったところ水がコンコンと湧き

岩井の清水

出したと伝える。

しかしそれ以前の平安時代にも「安積の石井」の名で都に知られていたようで次の歌が残されている。

美草生ふ安積の石井夏くれば天照る影のすぎがてにする　曽根好忠
夏が来ると安積の石井の上に輝く太陽も過ぎ去りがたく思っているようだ　（『曽丹集』天禄三年＝九七二成立曽根好忠編纂）

てなれつつすすむ石井のあやめぐさ夕は枕にまたや結ばん　藤原定家
いつものように石井にあるあやめ草を取って来て枕に結んで寝よう　（『夫木和歌集』応長二年＝一三一〇藤原定家編纂）

その後道路の変遷などにより、石井の清水の名は残っていてもその場所が判らなくなってしまった。本宮の歌人小沼幸彦《さちひこ》は、文化三年（一八一六）『石井《いわい》考』を書き、会津街道にある道標（正安三年＝一三〇一石井道みちしるべ）から日記沢にあるこの清水が安積の石井であると確認した。

この年松平定信は、仙台塩釜明神に参詣の途中本宮を通り、『石井考』を読み和歌二首を詠んでいる。

埋《うず》もれし石井の水も時しあればくちせぬ世々のしるしをぞみる
埋れてしまった石井の清水も時がくれば今の世の道しるべとなっているようだ

この後岩井の清水の名は、また全国に知られるようになり、霊水として飲用する者が絶えなかったといわれる。

清水の周りには、名勝にふさわしくいくつもの歌碑が建っている。

現在の清水は噴出量がかなり少なくなってしまったが、「ふくしまの名水三〇選・ふるさとの泉」にも選ばれ、奥の細道遊歩道の道筋となっていることもあり、人の訪れも絶えない。

蛇の鼻公園と蛇の鼻御殿

本宮駅の西方二キロメートルの名倉山の麓に、敷地三〇ヘクタールを持つ蛇の鼻公園がある。ここは第四紀洪積層の台地で、江戸時代、頭部浸食谷を利用して作られた摺鉢池《すりばちいけ》（上の池）・鰻《うなぎ》清水池・新池の三つの溜池が階段状に並んでいた。

明治三十二年（一八九九）本宮町の伊藤彌が開拓を始め、農園及び公園地として整備し、蒼龍山百花園と名付て一般に開放した。

「蒼龍山花園略図」を見ると、四町九反の土地のうち、梨園が八割、残りに桃・リンゴ・ブドウが植えられている。この様子を地元の画家石井柏亭が「果樹園の午後」として油彩三〇〇号に残している。

蛇の鼻の名は、前九年の役（一〇五一～一〇六二）で、八幡太郎義家が、安倍貞任を追って名倉山まで来て矢を放ったが、貞任はすばやく沼を渡り逃げてしまった。そのためこの辺一帯を「矢のはな」といったが、江戸時代に入って蛇の鼻と改めたという。因みに名倉山の名は、峰が七つ連なっていたため七くらと呼ばれたことからきている。

その後公園は上の池を中心として整備され松・山つつじ・桜・藤・牡丹が園内所狭しと植えられ、池には蓮・蓴菜《じゅんさい》が咲き乱れ、百花園と化していった。

蛇の鼻公園　園内風景

百花園の名も時代とともに変わり、蛇の鼻牡丹園から蛇の鼻遊園地となり、今は蛇の鼻公園と呼ばれている。園内入口に、菊池素吟が建てた芭蕉の句碑「能見れハ薺花咲垣根哉　はせを」がある。

蛇の鼻御殿正面

蛇の鼻公園に入ると右手に旧伊藤家別荘、通称蛇の鼻御殿がある。

伊藤家は、江戸時代末期に質屋を営みながら北町検断（町名主）を勤めた名家で、別荘を建てた伊藤彌は、金融業と地主を兼ねた富商で、この別荘の建築には、百花園と命名した遊園地の造成と合せ、明治三十二年から十年余の歳月を費やした。

建物は、主棟が桁行九間、梁間四間の総二階建てで、前面に唐破風を乗せた方一間半の玄関を突き出し、左手（玄関から向って左）に平屋建ての茶の間を付加するほか、右手には二階建ての別棟式座敷蔵を配して渡り廊下で連絡する。主棟の二階は、二〇畳二間続きの大広間に縁を巡らし、それぞれに床の間がある。下階は右手に一〇畳の座敷二室あり、ここは家族用の居室であったと推定できる。柱や造作にはケヤキとヒノキ材を使い分け、唐破風玄関の透彫《すかしぼり》や諸室の欄間彫刻も見事であり、襖絵には勝田真琴が「磯に千鳥」の絵を描くなど贅《ぜい》を尽くしている。

現在は「蛇の鼻御殿」の名で公開されている。

本宮市（旧安達郡白沢村）

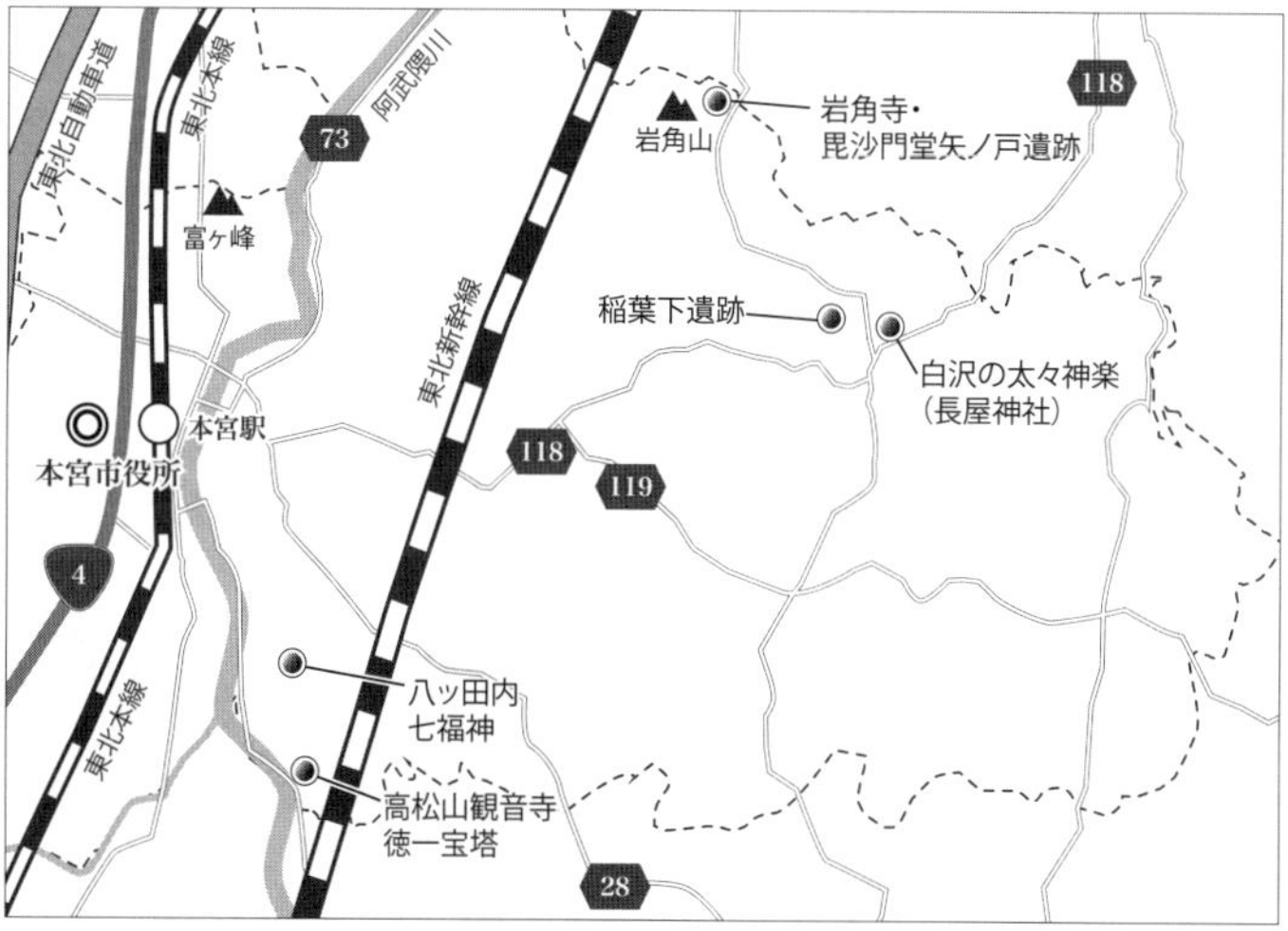
東北自動車道
東北本線
阿武隈川
73
富ヶ峰
岩角山
岩角寺・
毘沙門堂矢ノ戸遺跡
118
東北新幹線
稲葉下遺跡
白沢の太々神楽
（長屋神社）
本宮駅
本宮市役所
118
119
4
東北本線
八ッ田内
七福神
高松山観音寺
徳一宝塔
28

多様の飲食用土器を出土した稲葉下遺跡

県道二本松・三春線を二本松から三春に向う途中の白沢村長屋字稲葉下に稲葉下遺跡がある。この遺跡は圃場整備時に発見されたもので、その出土遺物の豊富さには目をみはるものがあった。

出土したのは、縄文時代後期の土偶と多量の土器であった。

土偶は、これまで県内遺跡で出土した土偶と同じように完全な形のものではなく頭部と腕を欠いていた。病気平癒、安産祈願、食糧確保など何らかの祈りに使われたものと思われる。土器の多くは飲食物の容器類で、注口土器（土瓶形）・壺・深鉢・把手付鉢・皿形土器・香炉型土器・ほか粗製土器多数があった。

注口土器は、ほぼ球状の土瓶形で、高さ一七センチメートル、胴部中央に注ぎ口があり、草や木の葉の縄目が施され、左右に二個の瘤《こぶ》状の突起があった。把手付鉢は、高さ四・六センチメートルの小型土器で、縁部に把手状の突起があった。

稲葉下遺跡出土の土瓶形土器（『白沢村史』）

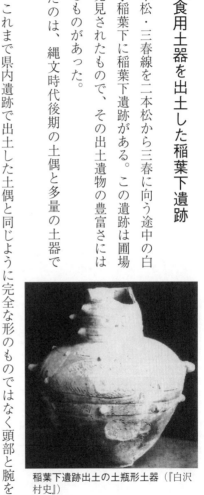

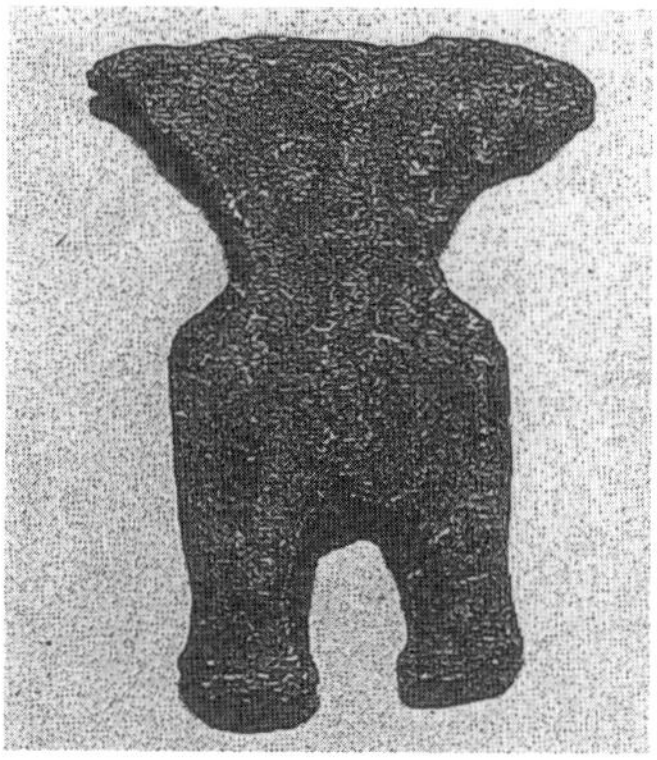

稲葉下遺跡出土の土偶（『白沢村史』）

南大沢遺跡出土の底部に台の付いた土器（『白沢村史』）

飲食用土器では、このほか上喜多遺跡（稲沢字上喜多）から周囲に小孔が巡らされ、中央に浅い凹部がある石皿が見つかった。小孔にドングリなどを乗せて打ち割り実を取り出した後、中央の凹部で磨石を使って製粉作業を行ったと考えられる。

また南大沢遺跡（和田字南大沢）からは、縄文晩期の底部に台の付いた土器が発見された。器形が細分化され美しい文様が施されていた。

このように精巧な飲食用土器が出土したことは、白沢地方の人々の土器作りの技術の高さを示すと同時に、阿武隈高地はドングリ、クリ、トチノミなどの保存の良い堅果類食物が豊富で様々の調理方法が考案され、それが多様な飲食用土器を生み出したと思われる。

飯野町の和台遺跡、東和町の上台遺跡のような阿武隈高地西縁に発達した大集団遺跡は、白沢村ではまだ見付からないが、これだけの土器を出土する以上近くに必ず大集落が営まれていたに違いない。

岩角寺と毘沙門堂

岩角山は、標高三三七メートルの山で、阿武隈山地の中部に位置し、全山が花崗岩で形成されている。岩角山の名は、この花崗岩の浸食風景から名付けられた。山中の幾十の巨岩にはその形に即して懐胎石《かいたいいし》、天の岩戸、舟石などと名が付けられ、わが国の代表的な花崗岩浸食風景となっている。岩角山は県の名勝・天然記念物に指定されている。

岩角寺は天台宗第三世慈覚大師の創建とされるが、次のような由来がある。

承和十四年（八四八）慈覚大師が唐の国から帰航のおり、海上が荒れ難破しそうになった時、大師が天を仰ぎ祈ったところ船首に毘沙門天が現れ、舟は無事に保護された。大師はこのことに功徳を感じて毘沙門天を彫刻し、霊場に安置しようと諸国を行脚して歩いた。東北地方へ御巡錫の際、岩角山の麓に来たところ幾千の快光南天が飛来しこの山に止まり、虚空に忽然と毘沙門天が現われた。大師はここが霊場だと悟り、二十一日の水行を行い一刀三礼の上御丈一丈（約三・二一メートル）の開運弁財天を彫刻した。大師が岩角山に入り開基されたのが第五五代元徳天皇の仁寿元年（八五一）、尊天を安置したのが第五六代清和天皇の貞観二年（八六〇）と伝えられている。

岩角寺は江戸時代初めに東叡山寛永寺の直末寺として再建されるが、その建物は風趣稚味を極めた美しい建物であったといわれる。しかし永正三年（一五〇六）火災により焼失してしまった。

中興したのは木幡山の天台宗治隆寺住職であった豪伝で、毘沙門天信仰の篤《あつ》かった二本松城主丹羽光重の援助で元禄年間（一六八八〜一七〇四）に復興し、山門に毘沙門堂をはじめ、岩角山中に那智観音堂、大日堂、向山妙理堂、阿弥陀堂を整備した。

寺宝に、丹羽若狭守母堂奉納の御鏡一面、狩野常信画三十三観音絵巻がある。

毘沙門堂は、岩角寺より一段高い、岩角山山頂への登り口にある。

安置されている毘沙門天は、慈覚大師が二十一日の水垢離を取り一刀三礼のもと彫刻された像高一丈（約三メートル）の尊像である。初め和田山の南白幡に毘沙門堂を造立し納められていたが、北条時頼が奥州巡錫の折立寄り、花水山（和田字西明内）に堂塔伽藍を建て移した。

岩角寺毘沙門天（『白沢村史』）

元禄年間になり二本松城主丹羽光重が領内巡視の折岩角山の勝景を賞し、毘沙門堂を岩角山に奉遷した。元禄四年（一六九一）には岩角寺の下段から今の場所に引き揚げられた。

現在の建物は、文久二年（一八六二）に再築されたもので、五間四面の総欅造りで、回廊が巡らされ緻密な彫刻が施されている。天井の一二〇個ある格天井には、狩野派の筆と伝えられる四季の花が描かれている。

毘沙門天の祭り「初寅祭り」は、毎年正月の初寅の日に行われる。祭りは毘沙門堂の別当寺であった岩角寺が行う。祭り当日は、午前十時頃からボンデンの清め式が行われる。清められるボンデンはボンデンの奪い合いに使われるものと個人が注文し家に持ち帰るものがある。個人のこのボンデンには大小あり、金紙の幣で作られ、各ボンデンには板札と酒が付けられている。

祭りの当日各人は自分のボンデンを奉納し、毘沙門堂での護摩祈禱を受けてから家に持ち帰るのである。ボンデンの奉納（清め式）はボンデンを予約した信者たちが岩角寺本堂に集まり、午前十時になると、白梵天・先達・ほら貝・高張提灯・大梵天（ボンデンの奪い合に使われる一二本＝十二月分）・本膳（金箔の三方に五膳が付く）・導師・金梵天（信者の予約して奉納するもの）の順に毘沙門堂に上り護摩祈禱を受けるのである。

その夜、寺で用意した青竹一二本のボンデンが、本堂前広場に下げられて、集まった信者たちに一本一本投じられる。人々が争って奪い合い、引き裂きちぎって持ち帰るもので、この時ボンデンの一部を手に入れれば無病息災の利益にあずかれると信じられてきた。

岩角寺本堂

ボンデンの奪い合い風景（本宮市役所所蔵）

高松山観音寺と徳一宝塔

高松山は本宮市の南東約五キロにある標高三八一メートルの小高い山で、その南麓に天台宗の名刹高松山観音寺がある。山頂には高松神社が建ち、現在西の一角に「高松山ふれあい広場」が設けられ、安積・本宮盆地や安達太良山を眺望できる展勝地となっている。

高松山観音寺は、大同二年（八〇七）徳一大師の開基といわれる。大師は法相宗弘布《ぐぶ》の拠点として観音寺を開き、勤行のいとまに、薬師如来、十二神将、釈迦如来、地蔵尊像を刻み、諸堂を建て安置したという。治承年間（一一七七〜一一八一）には文覚上人が滞在して修行し、笈に背負って来た不動明王を祀り、寺域内に十二坊舎を建て、山頂に出羽三山、中腹に山王権現を祀り真常光寺別当観音寺と称した。

高松山観音寺本堂

天正十三年（一五八五）伊達政宗の兵火にかかり別当観音寺を残し、一山ことごとく焼失した。

徳一座像（県立博物館蔵）

徳一宝塔

文禄年間（一五九二〜一五九六）貞覚が中興し、江戸時代に入ると、二本松藩主丹羽光重が寺を再建し、藩を守護する祈願寺とし、崇拝したといわれる。明和三年（一七六六）真言宗から天台宗に改宗された。

境内には、観音堂・薬師堂が残されている。観音寺の左斜面に、五輪塔状の宝塔を納めた徳一大師廟がある。傍らの標示には徳一大師の分骨を安置すると書いている。宝塔は高さ一・九メートルの丸型塔身で、中段の円塔に大日如来の種子が刻まれている。鎌倉時代の弘安年間（一二七八〜一二八八）前後の作と推定されている。

寺脇の小道を高松山に向って上ると、まもなく左側に文覚上人不動尊の小堂が建っている。堂内には高さ一四〇センチメートルの不動明王石像が安置され、左に制吒迦童子《せいたか》（高さ八一センチメートル）、右に矜羯羅童子《こんがら》（高さ八六センチメートル）が脇侍として立っている。

この高松山一帯は、かつて観音寺を中心として多くの堂塔や仏像仏具を配置した一大修験道場であったといわれる。今も薬師堂付近から、国見町の復江廃寺跡から出土したと同じ、五弁花文軒丸瓦や唐草文平瓦が出土しており、平安時代の古い寺院が存在したことがうかがわれる。また釈迦堂跡からは宝塔三基と五輪塔一基が出土し観音寺に保存されている。

明治初年の神仏分離施策を受けて、山中の堂塔は取り壊されたが仏像類は観音寺に納められ、山頂に新しく高松神社が創建された。

観音寺では、毎年正月の初寅の日に初寅祭りが行われる。戦前までは、信者が三方に供物を盛って、薬師如来、不動明王、毘沙門天の尊像に供え、御祈禱の後下げて家に持ち帰り食べると、家内安全と無病息災が得られたという。最近は献膳する人は少なくなり、代りに大小のボンデンを奉納する人が増えたということである。

祭りは寅の日の寅の刻（午前四時）に行われたが今は夜に行われる。観音寺本堂で参拝者の清め水が終ると、ボンデンを先頭に、野菜・お神酒・鏡餅・昆布・本膳（三つ）、そして各自のボンデンが続き薬師堂に奉納しに行く。堂内で内護摩を焚き、外でも柴灯護摩を焚く。

白沢の太々神楽

白沢村には、元村社であった長屋神社（長屋字宮山　祭神稲倉魂命）、浮島神社（白岩字宮ノ下　祭神金山彦命）、春日神社（稲沢字春日　奈良春日神社の分霊を勧請）、鹿島神社（松沢字宮前　祭神武甕槌《たけみがづち》命）、和田神社（和田字中ノ宮　祭神大穴牟遅《おおなむち》命）、高松神社（糠沢字高松　出羽三山を勧請）の六社に出雲流神楽が伝承されている。

長屋神社神楽殿

出雲流神楽は、現在は代々神楽と呼ばれ、榊《さかき》や鉾《ほこ》などの採物を持って神話や神社などの縁起を舞踊劇風に舞う神楽能で、出雲国八束郡鹿島町の佐陀神社で始められ、福島県には関東地方を経て入ったといわれる。主に中通り地方に多くこの時白沢村の前記六社に伝わったと思われる。白沢村の六社での神楽奉納が始まった時期は明らかでないが、これら神社の社殿の造営或いは再建が永禄

白岩の大々神楽（『白沢村史』）

年間（一五五八〜一五七〇）から、元禄（一六八八〜一七〇四）にかけて行われたので、この頃から始められたものと思われる。

神楽は、明治初年頃までは近郷の神職が集まって演じていたが、明治の神仏分離を契機に氏子に伝授された。この頃長屋神社の神職小松左膳は、各神社の氏子の指導に熱心で、演目の振りや囃子にさまざまな工夫を加え、小松流と呼ばれる美しく洗練された神楽を作り上げた。

神楽の演目は、各神社に二二座から三二座あり、昭和三十年頃までは、二日掛りで全座を演じ切ったが、現在は、演目は各神社により若干の相違があるが、次の一二座が舞われる。

天地開闢《てんちかいびゃく》・大延《おおのべ》楽・大麻《おおあさ》楽・榊楽・五色幣楽・先駆啓行《せんくけいぎょう》楽・岩戸楽・大国主楽・種蒔楽・事代主楽・諏訪鹿島楽・神鏡楽

この地方では舞衣装をつけることを「支度する」というが、演目により狩衣・千早・袴・大口（後部を左右に強く張った袴）・石の帯（白布に包んだ板を帯に巻く）をつける。

神楽面は、主に神話の舞に用い、採物舞には使わない。被物には鳥甲《とりかぶと》・天冠・しゃぐまがある。

採物は、勿・扇・鈴・榊・鉾・大刀・釣竿・笊《ざる》・鐘・白杖などである。

白沢の神楽は、岩戸楽に祝詞が入るのみで、歌も詞章もない。もっぱら大小太鼓《たいこ》・小鼓《つづみ》・篠竹・能管による囃子で舞う。囃子には、下り羽・乱声・吾妻拍子・鎌倉拍子・四つ拍子・七ッ拍子・小拍子・小松拍子・五神囃子・燈明囃子・初段・二段・くづし・吹き上げ・めいかなど一六曲がある。舞台への出入りは下り羽が奏される。

舞を舞う者を舞方、楽を奏する者を楽人と呼び、両者を総称して「楽人」と呼んでいるが、戦前は楽人はその神社の氏子がなり義務教育を修了した長男に限っていたが、戦後はその制限をなくし、「楽人会」或いは「神楽保存会」を結成し、その会員が研鑽して楽人を勤める。

神楽は、それぞれの神社の春秋の祭礼に行われていたが、昭和三十年頃に祭日が統一され、春は春祭りの四月十五日、秋は秋祭りの十一月三日となり、境内の神楽殿で終日舞われる。

八《や》ッ《つ》田内《とうち》の七福神舞

八ッ田内は、県道二本松・三春線の両側に住居の散在する、わずか一〇戸あまりの集落である。集落の周囲は畑地となっているが、北側には広々とした水田が開け、「八ッ田」というのはこうゆう地形からきたのかも知れない。

七福神舞は、かつては旧暦一月十五日の小正月の行事として行われてきたが、今は正月の七日に行われる。

七日の夕方になると、七福神の一行は道中囃子を鳴らしながら舞い込む家に向い、着くと七福神舞の囃子に変わり、稲荷から順に舞い込む。稲荷は狐の面をつけ、白毛のしゃぐまをかぶり、千早に袴を着て白足袋をはき、扇を開いてピョンピョン飛びながら、

〽あらめでたいな　この家に伏見の稲荷の導きで　七福神が舞い込んだ

とうたいながら舞い、歌の中で七福神を紹介してゆく。

稲荷の踊りが終ると囃子が変わり、兜《かぶと》をかぶり、陣羽織に白足袋姿で、腰に刀をさし槍を左

右に突き出しながら毘沙門天が舞い込む。〽毘沙門天の御姿　朝日に輝く緋の鎧《よろい》　とうたいながら勇壮な身振りで踊る。終ると上座に座り、次の人の舞を見守る。

琵琶をかかえ頭に冠をつけ、振り袖姿の弁財天、軍扇を振り振りながら布袋。だぶだぶした上衣にたっつけ袴で、右手に日の丸の扇子を持ち、杖にひょうたんをつけた福禄寿、寿老人の面をつけ、長袖の着物に袖なしの羽織袴で、経巻をつけた杖を肩に担いだ寿老人、烏帽子をかぶり狩衣にたっつけ袴をはき、右手に扇子左手に釣り竿を持った恵比須と七福神の囃子に合せ順次舞い込み、それぞれの歌をうたって踊り、終ると上座に並んで座る。

七福神舞（福禄寿　『白沢村史』）

最後に大黒天が舞い込む。頭布をかぶり、狩衣にたっつけ袴を着て福袋を担いで現われ、打出の小槌を鳴らしながら、

〽よいきたな　八つ野暮なるこの里に

九つ小槌を振り立てて
十で当所の繁栄を　守るべしとの御聖なり

とうたいながら楽しそうに舞う。

舞い終ると岡崎が二人、蓑《みの》を背負い、俵を担ぎ腹巻に股引き姿で現われ、俵の中から桝と斗掻き棒を取り出し、桝は神棚に供え、二人は藁をすぐり、面白い仕種さで蔟《まぶし》を編み始める。編み上がるとその家の主人に供え、桝の中から「おひねり」や餅を取り出し、見物人に撒く。

その後、後片付けをして、稲荷に導かれ、舞い込んだ順序で退場する。

七福神舞（蔟編み　『白沢村史』）

八ッ田内の七福神舞は、元禄時代から三〇〇年続くといわれているが、踊りの所作から見て、白沢村に隣接する二本松市石井地区（鈴石・土路海・西荒井）の七福神舞から伝わったものと推測される。

安達郡大玉村

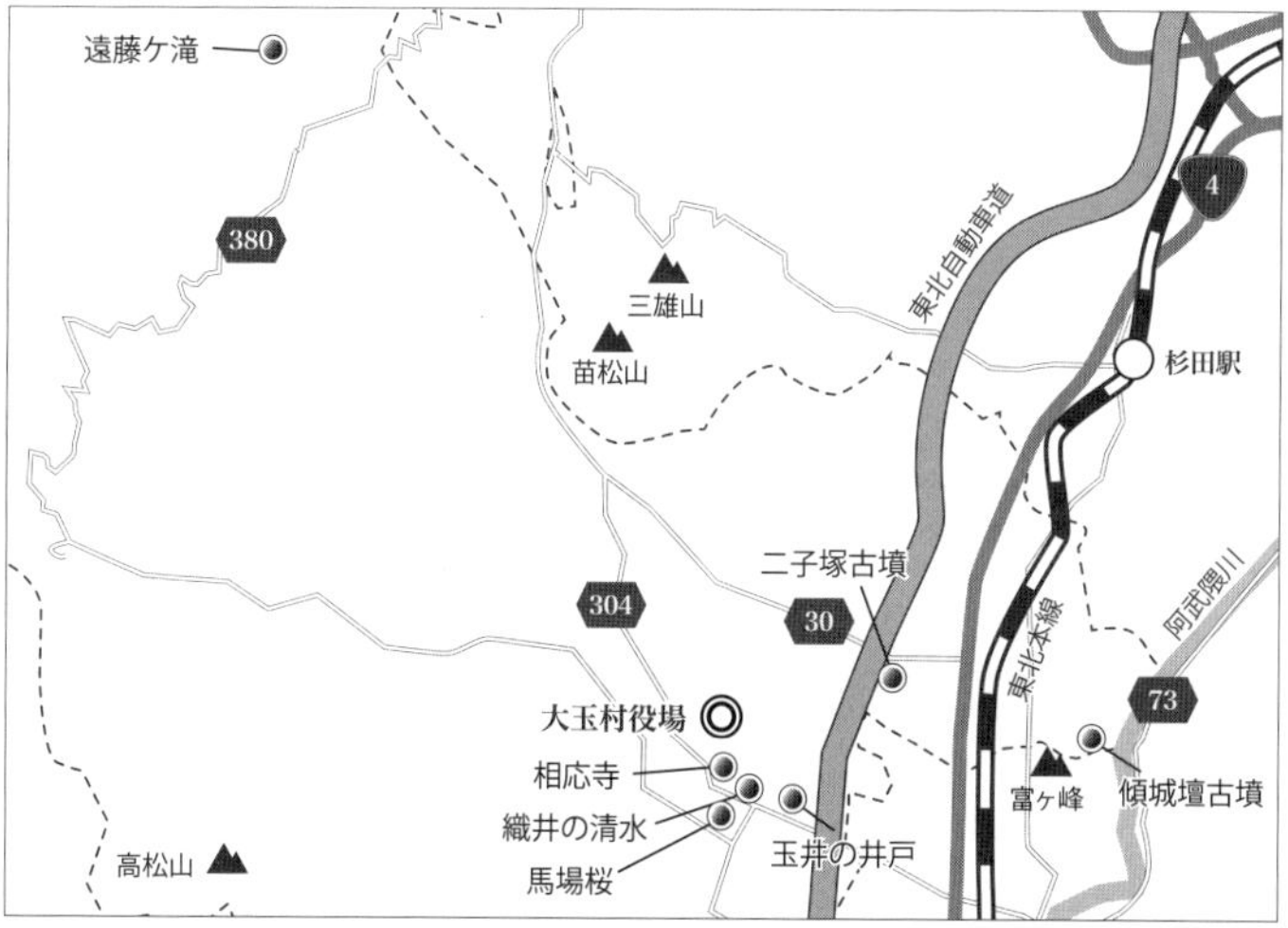

遠藤ケ滝
380
三雄山
苗松山
東北自動車道
4
杉田駅
二子塚古墳
304
30
阿武隈川
東北本線
73
大玉村役場
相応寺
織井の清水
馬場桜
玉井の井戸
富ケ峰
傾城壇古墳
高松山

大玉村の優れた縄文・弥生文化

昭和四十七年の大玉村の調査では、大玉村には旧石器時代の遺跡一か所（大皿久保遺跡）、縄文遺跡三〇か所、弥生遺跡一四か所あった。

これら遺跡の所在をたどると、狩猟・魚労と自然物採取に依存した縄文時代の生活から農耕を中心とした弥生時代の生活の変化を読み取ることができる。そして生活の変化は、生活・生産用具の変化となる。

大玉村の縄文時代の遺跡は、阿武隈川の河岸段丘上にあった大川端遺跡を除いて、安達太良山麓と杉田川・百日川・安達太良川上流の扇状台地に分布する。

縄文遺跡から出土した遺物は、石器では石鏃・石斧・石錐・石槍・石棒などの狩猟用具と石皿・凹石・磨石・石匙・珠状耳飾・硬玉製大玉などの生活用品があった。

また土器では、粘土を紐状にして段々巻上げ底のとがった深い鉢、同じようにして作った筒状や底に円板を付けた壺などがあった。字玉井の山城遺跡からは装身具とみられる珍らしい土偶が出土した。この時代何を身にまとっていたか判らないが、装身具には美しい紋様も施されていた。

弥生遺跡は、杉田川・百日川・安達太良川が阿武隈川に注ぐ、川尻に当る大山地区に集中する。

主な弥生遺跡は、下高野《しもこうや》遺跡（大山字下高野）、諸田《もろた》遺跡（大山字諸田）、破橋《こわればし》遺跡（大山字破橋）で、出土した土器は下高野式土器、諸田式土器と呼ばれる独特の土器が発見された。考古学では、土器の形や表面に描かれた文様の違いを土器形式と呼び区別するが、新しく発見したものはその土地の名を付し〇〇式土器と呼ぶのである。

下高野式土器は、弥生時代中期（紀元前後）に造られた土器で、球状の胴が特徴的で、土器を装飾する文様は渦巻文や菱形を重ねたような文様で、細く繊細に描かれている。

諸田式土器は、弥生時代末期（紀元三世紀）に造られたもので、下高野土器に比べ文様が簡単で指先上のもので押圧した隆帯文を三重に回しただけのもので、形は胴の張りが弱く、頭部が太い広口壺となっている。

諸田遺跡からは炭火米が充満した貯蔵壺も発見された。

上：下高野遺跡の弥生土器
（下高野遺跡　『大玉村史』）

中右：玉井山城遺跡出土の土偶
中左：大山間尺遺跡出土の土器（下高野式『大玉村史』）

下：谷地古墳の埴輪
（諸田式　『大玉村史』）

中通り地方最古の傾城壇《けいせいたん》古墳

大玉村の東部大山地区の水田地帯を見下す丘陵の上に、美しい姿の傾城壇古墳がある。

この辺りは明治の中頃までは、松林や雑木林で、花崗岩の自然露出や壇とか塚と呼ばれる古墳状の土壇がいくつもあったが、そのいくつかは、開墾して耕地となり、出土した蓋石や板石は橋や碑に使われた。

この地区で現存が確認できるものは、傾城壇古墳・二子塚古墳・天王壇古墳・金山古墳・庚申壇古墳（本宮町）で、いずれも直径二キロメートル以内の狭い範囲に集中して築造されていた。

傾城壇古墳

傾城壇古墳は、大山字愛宕にあり、全長四一メートル、後円二七メートルとやや小古墳だが、周辺で採取された土器から四世紀前半に築かれた古墳であると判明した。

この発見は、傾城壇古墳が中通り地方最古の古墳であることを示すばかりでなく、中通りに登場した最初の王の墓であると推定されている。墓の築かれた時期は、弥生時代末期に当り、古墳の近くに諸田・破橋遺跡の弥生集落があり、稲作の普及で富を蓄積した豪族が現われ、その王の墳墓を築いたものと思われる。

二子塚古墳

二子塚古墳は、傾城壇古墳の西方八〇〇メートルの大山字次郎内にあり、全長五一メートル・後円部径一八メートル・高さ五メートル、前方部径一四メートル・高さ四メートルの前方後円墳で、この古堰も埴輪を持たないことから、傾城壇古墳に次ぐ古いもので、同地区内にあることから、傾城壇古墳を築いた豪族を継承する者の墓と推定される。古墳周辺から住居跡・ヒスイ・メノウ・ナツメの勾玉が出土した。

二子塚には病気で亡くなった双子の子供の供養に、母親が土を運び、一夜にして二つの墓を築いたという言い伝えがある。

傾城壇古墳と二子塚古墳は、重要遺跡として福島県の史跡に指定されている。

五世紀半ば以降は、葬送儀礼のためさまざまの埴輪を持った円墳が、傾城墳・二子塚古墳の継承者によって築造されていった。天王壇古墳（高さ四メートル、径二八メートルの大円墳　多量の埴輪円筒が出土）・金山古墳（均平化され桜が植えられている　朝顔形円筒家形埴輪片が出土）・産土古墳（高さ二・五メートル、径一八メートルの円墳で埴輪円筒片が出土）・谷地古墳・久遠壇古墳・庚申壇古墳である。このように同一地域内で古代王権が確認できるのは、会津や浜通りなどの県内のほかの地域に見られない特異な現象である。

徳一大師開基の安達太良山相応寺

安達郡には安達太良山の山号を持つ三つの寺がある。安達町の円東寺、白沢村の観音寺と大玉村の相応寺である。

玉井字南町にある安達太良山遍明院相応寺は、相応寺所蔵の『安達太良山縁起』によれば次のとおり書いてある。

大同二年（八〇七）徳一大師は、霊夢により、安達太良山に登り、岩上に薬師如来像を見つけた。この像は空海が仏法を求めて入唐した時彫成し、「日本の有縁の地に安座し給え」と念じて虚空に投げ上げたものである。

あるとき猟師が猪を山中に追い詰めると手負いになった猪は倒れて谷の温泉の中に落ちてしまった。すると猪は息を吹き返し、傷も癒えて立ち上がり、猟師を咬み捨てて立ち去った。不思議に思った徳一大師が半死の猟師を抱いて温泉に入れたところ忽《たちま》ちのうちに傷が治った。よく見ると温泉は薬師如来の肌を通して湧き出ていたという。大師はこの像を眉岳（前ヶ岳）に運び、堂宇を建てて安置し、安達太良山相応寺と号した。

十二神将立像（『大玉村史』）

相応寺は眉岳に五〇〇年以上あったが、眉岳は高山であるため、度々野火に遭い焼失したので、宥弁が亀山（玉井字西の内）に遷し堂宇を再建した。しかし宝徳年中（一四四九〜一四五二）野焼きにより罹災したため、宝徳四年（一四五二）長勝律師が二本松城主畠山持清に頼み、薬師堂を建立、薬師像を安置した。この時法相宗から真言宗に改宗した。

右 相応寺　左 薬師堂

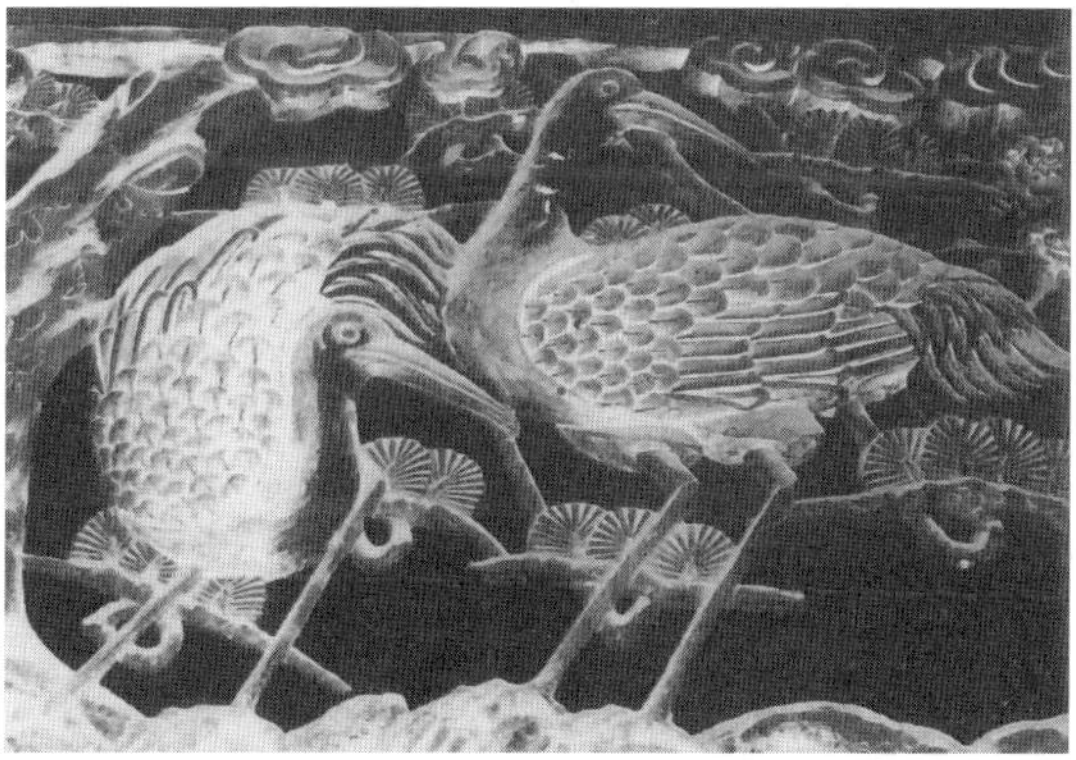
相応寺本堂の欄間の彫刻（『大玉村史』）

永禄三年（一五六〇）実弁律師が相応寺本堂と薬師堂を現在地に遷した。現在の本堂はこの時のもので、本堂内欄間八枚の彫刻は、表裏二面が異なる図柄で見事な出来栄えである。

本堂左に立つ薬師堂には亀山の元相応寺本尊の薬師如来が安置さ

れている。脇侍として日光・月光菩薩が左右に立ち、その背後にその眷族として十二神将が並んでいる。十二神将は武将の姿をして薬師如来を守護するものである。十二神将の一体は古く、文明十三年（一四八二）の銘がある。像は桂材を使い、頭・体を通して両足まで一材で彫出し、両耳後より体側を通る線で前後に割り矧ぎ内刳《うちぐり》を施し、彩色し玉眼が嵌入している。ほかの十二神将は江戸時代に製作されたものである。

文覚上人が修行した遠藤ヶ滝

遠藤ヶ滝は、安達太良温泉奥の遠藤ヶ滝遊歩道駐車場より杉田川沿いの道を上って三〇分の所にある。ここは安達太良山が噴火して流れた溶岩流が止った所で、辺りは巨岩が塁々とし、かつては大小四八滝があったといわれる。なかでも遠藤ヶ滝は、落差五メートル、幅二メートルの滝で、大岩の間から、轟々《ごうごう》と水音を響かせ流れ落ちる様は壮観である。

遠藤ヶ滝の名は、承安（一一七一〜一一七五）の頃この滝で修行した文覚上人の俗名遠藤武者盛遠に由来する。

盛遠は、平安時代末期、上西門院に仕える北面の武士で、友人源《みなもと》渡《わたる》の妻袈裟御前に横恋慕し、夫渡を殺そうとするが、それを知った袈裟御前は、夫の姿に身を変え夫の寝所にいて盛遠に殺されてしまう。茫然《ぼうぜん》となった盛遠は、仏門に帰依し、名を文覚と改め、熊野権現に参籠しながら千日間の荒行を修め、雲水となり、全国の霊場を訪ね歩き、陸奥国安達地方を訪れたのは嘉応二年（一一七〇）のことである。

杉田川を渡ろうとした時、川面にカーンマーン（不動明王を現わす梵字）の文字が浮かんでいるのを見て、川上に不動明王がいることを覚り、川に沿って山を登りこの滝を発見し、傍の石窟に参籠し、修行を重ねたといわれる。

遠藤ヶ滝不動堂脇の文覚上人石像

駐車場から遊歩道に入り、桧木立の中を五〇〇メートルほど進むと石段があり、上ると文覚上人が嘉応三年開基の遠藤ヶ滝不動堂に出る。建物の右側に四メートルを超える石の不動明王像が立ち、その光背は炎のように赤く彩られているので「赤不動」と呼ばれる。

そこから渓谷沿いの道を進むと「女人

右下に不動明王が祀られている

文覚参籠の石室

堂」と刻まれた文字堂塔が建っている。大きさ一二〇センチメートルの石塔で元治元年（一八六四）の銘があり下部は小石に埋まっている。女人堂碑はここから女人の出入りを禁じ、この場所から遠藤ヶ滝の不動明王を遥拝したものである。

　女人堂碑を下ると道は急に険しさを増し、剣ヶ峯下の絶壁の道を岩を乗り越え進むとやがて開いた扇子を逆さにしたような形の三ヶ月滝に至る。大岩を鉄梯子で上ると右手に大きな岩があり、その下部に一メートルほどの出入口が見える。文覚参籠の石室である。岩の内部は五メートル四方の室状をなし、奥に不動明王石像が安置されている。

さらに大岩を鉄梯子で越えると遠藤ヶ滝に出る。文覚上人は、下の石室に籠り、日夜滝に打たれながら成仏祈願の修行を続けたと伝えられる。滝の落下する岩盤下側は、やや凹状をなし、奥に不動明王の石像が安置され、その左右に制吒迦童子と矜羯羅童子が立っている。『平家物語』は文覚について「日本国中残る所なく廻り……」と書き、安達地方にも足を踏み入れたと思われるが、白沢村の高松山観音寺に文覚の墓と笈仏と伝える不動明王掛軸が秘蔵されている。

馬場桜と義家伝説

安達地方には、源頼義・義家親子と安倍貞任の伝説が多いが、大玉村には頼義・義家親子の滞在伝説がある。

織井の清水（義家の側女織井御前の出産の産湯を義家が矢じりで掘った話）、大江の鞍骨屋敷（源頼義・義家が滞在した屋敷跡）、神原田神社（夷賊安倍頼時を倒す戦勝祈願をした社）、玉井字細田の矢筈原・弓張石（義家が敵陣めがけて矢を放った場所と義家が弓を番《つが》えて踏張った時の足跡石）、大山字皿屋敷の鍋石（義家が野営した時使った石の鍋）などである。

玉井字石橋の福満虚空蔵尊境内にある馬場桜の名も義家が軍馬の訓練した馬場跡であることに由来する。この桜は、義家が手にした桜のムチを土にさし、駒止めしたものが根付いたものといわれる。

桜はエドヒガンザクラで、樹高一五メートル、幹周り七メートルあり、樹齢は一〇〇〇年を超えるといわれる。昭和十一年に国指定天然記念物に指定された。

昭和六十一年の干ばつにより、樹勢が衰退したため、地元の「馬場桜保存会」が懸命に樹勢の回復に努力しているが、往年に還るのは難しそうである。

馬場桜

織井の清水と玉井の井戸

大玉村には、安達太良山麓付近を水源として安達太良川・百目川・杉田川が東に流れ阿武隈川に合流する。古くはこれら河川に扇状地が発達していたが、現在は浸食が進み平地化されている。扇状地裾部からは今なお湧水が多く、溜池の水源や清水池となっている。

織井の清水

古くからの溜池では、岩高池（二一〇年前から）、上ノ池（二一〇年前）、堂前池（二一〇年前）、荒池（一六〇年前）、鐙《あぶみ》ケ池（一七〇年前）、羽黒池（二二〇年前）などがある。

玉井字馬場にある織井の清水もそうした湧水地の一つで、次のような伝説がある。

昔奥州平定に来た八幡太郎義家

の側女織井御前がにわかに産気づいたため、付近に産湯に使う水がなかったので、義家が矢の根をもって掘削したところこんこんと水が湧き出したという。その後はどんな日照《ひでり》でも減水しないので多くの人々の難儀を救ったといわれる。

清水は今なお湧き出て、夏には井戸水よりも冷たく、訪れる人に涼を与えている。

織井の清水の側には、「南町の大ケヤキ」と呼ばれる樹齢四〇〇年のケヤキ（周囲五・九メートル 樹高二三メートル）があり、緑の文化財となっている。

織井御前神社は、義家の側女を祀った神社で、以前は清水の側にあったが、今は相応寺境内に祀られている。

玉井の井戸

玉井字南町の玉井の井戸は、旧玉井村の村名になった井戸で、これにも伝説がある。

昔安達太良山の麓の村の田圃の片隅に井戸があった。年老いた百姓夫婦が畑仕事をしていて、疲れたので水を飲もうと、おばあさんが水汲みに行くと井戸の中に光るものが見えた。おばあさんは不思議に思い、おじいさんを呼んで二人で井戸の水を汲み干した。すると井戸の中からきれいな水晶の丸い玉が出て来た。

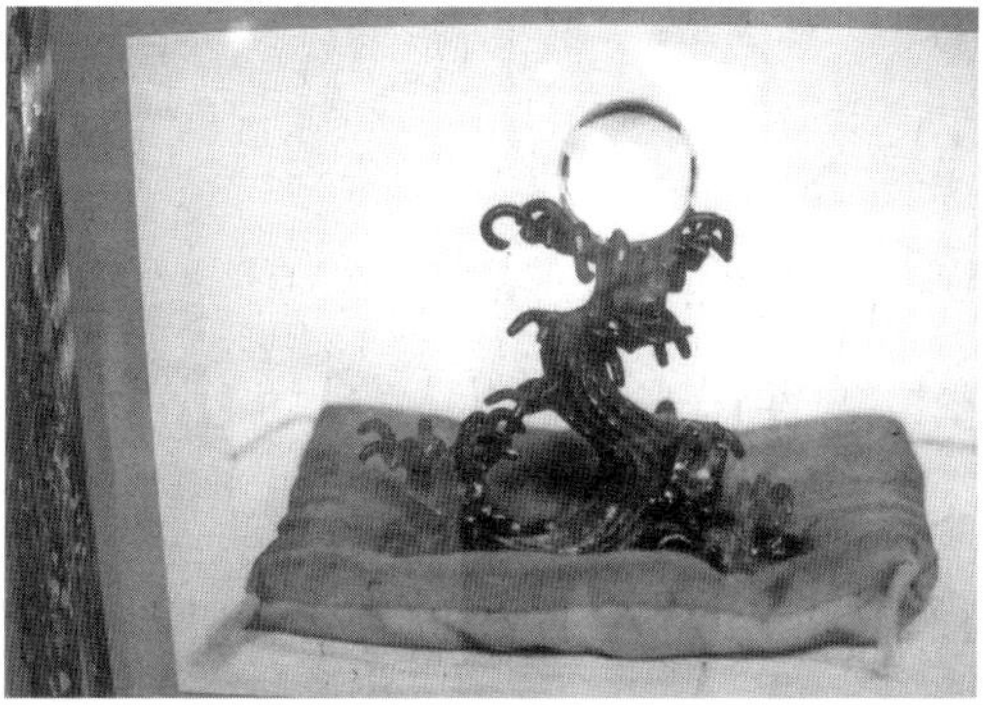

玉井の井戸から発見された水晶玉

その後村人は、井戸の中から玉が出て来たのでこの井戸を「玉井」と呼ぶようになった。

この話が世の中に知られると、井戸を訪れる人も多く、慶応年間（一八六五〜一八六八）頃までは毎年春秋二季に盛大な井戸祭りを行っていたが、明治に入ると次第に顧みられなくなった。

そこで六〇年後の昭和十二年に村の有志が集って、古蹟の滅亡を憂い、井戸を修理し、毎年四月八日に井戸祭りを復活したと井戸の側に立つ「中興の碑」に書かれている。

玉井の井戸から発見された水晶玉は、現在大玉村ふるさとホールに展示されている。

安達郡の成立と村々の発展 ―『安達の史蹟めぐり』の発刊に当って

『日本書紀』にも書かれているとおり、景行天皇四十年の日本武尊の東征、崇神天皇十年（三〇〇～三五〇年頃）の四道将軍の派遣などの結果、四世紀末頃には、東北地方南部まで大和政権に服属して、国造《くにのみやつこ》・県主《あがたぬし》の地方行政組織が置かれ、福島県では菊多・阿尺・標葉《しねは》・宇田・行方・石城・白河・石背《いわせ》・信夫に国造が置かれた。阿尺国造の支配範囲は、安積（郡山市）、安達（二本松市、本宮市と安達郡の町村）、田村（田村市と田村郡の町村）であったと推定される。

大化元年（六四七）の大化改新によりこの行政組織は改められ、国――評《こおり》（大宝律令により郡と変わる）――里（霊常元年＝七一五に郷と変わる）に変わった。この時阿尺郡に属する郷は、入野・佐戸・芳賀・小野・丸子・小川・葦屋・安積の八郷で構成されていた。なお郷は五〇戸（一戸二五人とすると一二五〇人ぐらいの人）を以て構成されるが、その下には二、三戸からなる房子《ぼうこ》があった。

安積郡から安達郡が分立したのは延喜六年（九〇六）とされる。承平年間（九三一～九三八）に成立した『和名抄』に安達郡の名と入野・佐戸・安達の郷の名がある。

八世紀後半になると、律令による公地公民制が崩れ、荘園化が進み、福島県内はほぼ全域荘園化された。安達郡は仁平六年（一一五二）陸奥国拒捍史生惟宗定兼《むつのくにきょかんしせいこれむねさだかね》（拒捍史とは税・物の納入を司どる役職）が陸奥守（国守）藤原基成に申請して太政官家の縑便保《かとりべんほ》（絹を絣で代納する保）となり、定兼没後太政官官務の小槻隆職《たかもと》に伝わり、建保十年（一二一八）隆職の子国安により安達庄に切り替えられ、以後その子孫が安達庄を領掌した。

文治五年（一一八九）奥州藤原氏を滅ぼした源頼朝は、論功行賞として奥羽両国を御家人に分ち与えた。安達庄は、東安達の一部を伴兼助に、塩松地方は信夫（四本松）秀行、西安達の一部（二本松市安達町）を安達盛長、残りの安達庄は陸奥拒捍史生壬生《みぶ》官務家に引き続き領有を認めたものと思われる。

南北朝時代になると、争乱の末、奥州管領畠山国氏が西安達を支配し、東安達は奥州の一方管領吉良貞家が四本松を本拠として治め、宇都宮氏を経て応永七年（一四〇〇）頃には石橋氏、永禄年間（一五五八〜一五七〇）には大内氏が支配するというめまぐるしい領主の交替があり、伊達政宗が天正十三年（一五八五）に大内氏を敗走させ、翌天正十四年には畠山氏を滅ぼし安達郡全域を支配した。

しかし、天正十八年には奥羽仕置により政宗に代り蒲生氏郷が入部、以後上杉景勝、加藤嘉明が会津藩主となり、寛永四年（一六二三）には嘉明の女婿松下重綱が二本松領主となった。

次の加藤明利を経て寛永二十年には白河から丹羽長重が二本松に入り、二本松藩が成立し、幕末まで安達郡全域がその支配下に置かれた。二本松藩による郷村支配は、安達郡七〇村を渋川・杉田・玉ノ井・本宮・小浜・針道・糠沢の七組に分け、組毎に代官を置いて統治するものであった。

明治維新の後、戸籍・税制・学制を公布し、国家の近代化を進めた明治政府は、行政基盤の強化を図るため、明治二十一年（一八八九）に「町村制」を施行し、合併を奨励した結果、安達郡は二町二六村となった。

さらに太平洋戦争後の昭和二十八年に行政の効率化・適正化を図るため「町村合併促進法」が施行されて合併が進み、三町五村に減少した。

昭和三十五年十月には市制施行により二本松市が発足し、平成十七年十二月には安達町・東和町・岩代町と合併し、人口六万二〇〇〇人余の二本松市となった。

また本宮町は白沢村と合併し平成十九年一月本宮市が誕生した。

これを図化したのが左表だが、この本では史蹟の所在、発生経緯を明らかにするため、旧町村を使用しておりますので参考にして頂きたい（従来の合併では旧町村は大字として残ったが今回の合併では旧町村名は残らない）。

安達郡町村の歩み

文禄三年邑鑑による村名				
二本松城下六町（若宮町・松岡町・本町・亀谷町・竹田町・根崎町）	明九・六、町制施行 塩沢村・油井村・上成田村・下成田村の一部と合併	二本松町	昭三三・一〇・一 市制施行	二本松市
塩沢村	明九・六城下六町の一部油井村の一部と合併		昭三〇・一・一合併	
成田村	元禄三年分村 上成田村・下成田村	明九・六 合併 成田村 城下六町・油井村の一部と合併	明二二・四・一合併 岳下村	昭三〇・一・一合併
高城村			（岳下村）	
原瀬村			（岳下村）	
永田村			（岳下村）	
箕輪村			明二二・四・一合併 杉田村	昭三〇・一・一合併
舘野村			（杉田村）	
	宝永二、分村		（杉田村）	

杉田村
北杉田村
南杉田村

昭三〇・一・一
合併

平石村
西荒井村
鈴石村

明二二・四・一合併
石井村

油井村
吉倉村
米沢村
小沢村

明二二・四・一合併
澁川村

上川崎村
下川崎村

明二二・四・一合併
上川崎村

昭三〇・一・一
合併
安達村

昭三五町制
施行
一部二本松に
編入
安達町

平成十七・一二・一
合併

針道村
小手森村
戸沢村
寛永十八、分村
北戸沢村
南戸沢村

明二二・四
合併
戸沢村

内木幡村
木幡村

明二二・四
合併
外木幡村

下大田村
上太田村

明二二・四
合併
太田村

昭三〇・一・一
合併
東和村

昭三五町制
施行
東和町

平成十七・一二・一
合併

寛永三分村
小浜村

明四
合併

明九・一・一二
名称変更

明三四・八
町制施行

上太田の一部は岩代町に合併

平成十七・一二・一

宮守村
上宮守村
下宮守村
宮守村
小浜村
小浜町
昭三〇・一・一合併
岩代町
合併

長折村
貞享年間分村
上長折村
下長折村
明二二・四
合併

明二二・四
合併

西勝田村
明二二・四
合併

小浜成田村
明二二・四
合併

神森村
明二二・四・一合併

西新殿村
東新殿村
新殿村
昭三〇・一・一合併

杉沢村
茂原村
明二二・四・一合併

百目木村
旭村

田沢村

山木屋村
明二二・四・一
川俣町に合併

本宮村
明二二町制施行
本宮町

青田村
昭二九合併

荒井村
昭二九合併

仁井田村
昭二九合併

関下村
明二二　合併
昭三一・四合併

羽瀬石村
明九合併

平成一九・一・一
市制施行
本宮市

永享三年分村
下樋村
明四
合併
苗代田村
岩根村
高木村
和田村
糠沢村
明二二・四・一合併
和木沢村
白岩村
長屋村
稲沢村
松沢村
明二二・四・一合併
白岩村
玉井村
寛永一八分村
大江村
上大江村
下大江村
大江新田村
明九合併
大江村
明二二・四・合併
大山村
椚山村
明二二・四・合併
昭三〇・四・三〇分村合併
昭三〇・四・三〇合併
白沢村
昭三〇・四合併
大玉村
平成一九・一・一
合併

著者略歴

髙橋　貞夫（たかはし　さだお）

昭和９年　茨城県稲敷郡美浦村に生まれる。
昭和33年　早稲田大学法学部卒業。福島県に勤務し、県立医科大学事務局長、出納局長を勤める。
著　　書『阿武隈の歳時記』（歴史春秋社）
『ふくしま海の歳時記』（歴史春秋社）
『あいづ祭り歳時記』（歴史春秋社）本書により福島民報出版文化賞を受賞する。
『阿武隈川の風景』（歴史春秋社）
『福島の美しい風景』（歴史春秋社）
『信夫の史蹟めぐり』（歴史春秋社）
『福島の原風景を歩く』（歴史春秋社）
『伊達の史蹟めぐり』（歴史春秋社）

住　　所　福島市渡利字扇田町71番地の１

安達の史蹟めぐり

2016年10月15日初版第１刷発行

著　　者　髙橋貞夫

発 行 者　阿部隆一
発 行 所　歴史春秋出版株式会社
〒965-0842　福島県会津若松市門田町中野
電　話（0242）26-6567
ＦＡＸ（0242）27-8110
http://www.knpgateway.co.jp/knp/rekishun/
e-mail　rekishun@knpgateway.co.jp

印　　刷　北日本印刷株式会社

信夫の史蹟めぐり

福島市内の神社、仏閣など47ヶ所の史蹟を歴史的な解説とともに紹介。

149ページ　定価：本体１３００円＋税

伊達の史蹟めぐり

旧伊達郡内の神社、仏閣など61ヶ所の史蹟を歴史的な解説とともに紹介。

175ページ　定価：本体１５００円＋税